HISTOIRE POPULAIRE

DE LA

GUERRE D'ORIENT

PAR

M. L'ABBÉ MULLOIS

PREMIER CHAPELAIN DE LA MAISON DE L'EMPEREUR

DEUXIÈME SÉRIE. — PRIX : 1 FR. 20 CENT.

1re ÉDITION

PARIS

PÉRISSE FRÈRES, LIBRAIRES, RUE SAINT-SULPICE, 36

PÉRIGAUD, DÉPOT CHEZ ALBANEL FILS, 57 RUE DES SAINTS-PÈRES. — A LYON, GRANDE-RUE MERCIÈRE.

PAULMIER, LIBRAIRE,   DOUNIOL, LIBRAIRE,
28, RUE DU CHERCHE-MIDI.   RUE DE TOURNON, 29.

TABLE DES MATIÈRES

AU PEUPLE ET A L'ARMÉE

HISTOIRE POPULAIRE DE LA GUERRE D'ORIENT

PAR M. L'ABBÉ MULLOIS

PREMIER CHAPELAIN DE LA MAISON DE L'EMPEREUR

DEUXIÈME SÉRIE

INTRODUCTION

Qui ne s'est souvent écrié avec une douce pitié : « Pauvre peuple français, que faire, que dire, pour l'arracher à ces préjugés, à ce respect humain, à ce matérialisme cynique et égoïste qui l'oppriment ! » Tournons nos regards vers l'Orient, de là encore une fois peut venir la lumière qui éclaire, la force qui persuade, qui renverse et qui édifie, la foi et la charité qui sauvent..... En effet, rien de plus capable d'impressionner profondément le peuple que ces faits actuels, vivants, dramatiques, qui se passent à la face du monde, où chaque famille française compte au moins un acteur, et où le sentiment religieux se révèle sous la forme la plus adorable.

Mais ces faits, il faut les recueillir ; il n'en faut pas laisser un seul tomber à terre : ce serait presque une profanation.... Il y a là quelque chose de divin, capable de toucher les plus indifférents.

Dans les environs de Paris, pays peu avancé dans les choses de la religion, un brave cultivateur venait de recevoir une lettre de son fils, jeune soldat de l'armée d'Orient ; ému, bouleversé, les larmes aux yeux, il s'en va trouver un membre de la conférence de Saint-Vincent-de-Paul, et lui dit : « Tenez, lisez cela. Mon fils qui... me prêche !... Il me dit qu'il faut pratiquer la religion, qu'il a communié et que maintenant il va se battre comme un lion... En vérité, les militaires valent mieux que *les civils*, je ne suis pas dévôt, mais ça me donnerait bien envie de l'être... »

Ce qui produit encore plus d'impression, c'est l'exemple des officiers... Eh bien, le sentiment chrétien est dans tous les rangs et dans tous les cœurs... Un jour un grand nombre d'entre eux s'étaient réunis dans un dîner... Un jeune sous-lieutenant, excellent chrétien, reçoit une lettre de France. Une lettre de France ! on se hâte de la lire : il l'ouvre donc, et voilà une médaille de la Sainte Vierge qui en tombe ; il rougit légèrement et il la mit dans sa poche en disant : « C'est un cadeau de ma sœur. » Il ne savait encore à qui il avait affaire.

« Oh ! mais une médaille, s'écrie l'un d'eux, je la porte, moi, et la voici ; il ouvre son habit et la montre... Et moi aussi ! et moi aussi ! s'écrient-ils tous à l'envi en découvrant leur poitrine pour en donner la preuve... Nous demandons pardon à ces braves officiers de révéler ces faits... mais nous en avons besoin. En nous permettant de populariser de pareils actes, ils font encore du bien à cette France à laquelle ils ont voué leur courage et leur vie... Un soldat, un officier à genou devant Dieu, inclinant son front intrépide sous la main du prêtre, voilà une éloquence à laquelle on ne peut guère résister ! Aussi, nous l'avons dit, après avoir entendu la lecture d'une lettre venue de l'Orient, un homme qui, en sa qualité de franc mauvais sujet, était peu familiarisé avec l'Évangile, ne put s'empêcher de s'écrier : *Tiens, on a beau dire, si ces gaillards-là font tant de cas de la religion, y faut tout de même que le bon Dieu soit estimable...*

Ici plus de raisonnements, plus d'arguties, plus de subterfuges possibles, on sait que la sincérité et la droiture sont le fonds du soldat français. On ne peut pourtant pas les accuser de faiblesse... ils ont du courage ceux-là !... Quel est l'homme qui, du coin de son feu ou de son bureau d'étude, osera leur jeter cette insulte : » «La peur... c'est la peur... ils ont peur! » On est obligé de se dire : ils croient, ils espèrent, ils aiment.... les héros!... donc nous pouvons, nous aussi, croire, espérer et aimer.

CHAPITRE I

Mission du général de Montebello. — État de l'armée à la fin de décembre 1854.

Dans la précédente série nous avons dit que le général de Montebello, aide-de-camp de l'Empereur, avait été chargé de porter à l'armée d'Orient des décorations et des paroles d'encouragement... il avait de plus une lettre de l'Empereur adressée au général Canrobert et conçue en ces termes....

« Palais de Saint-Cloud, le 24 novembre 1854.

« GÉNÉRAL,

« Votre rapport sur la victoire d'Inkermann m'a profondément ému. Exprimez en mon nom à l'armée toute ma satisfaction pour le courage qu'elle a déployé, pour son énergie à supporter les fatigues et les privations, pour sa chaleureuse cordialité envers nos alliés. Remerciez les généraux, les officiers, les soldats de leur vaillante conduite. Dites-leur que je sympathise vivement à leurs maux, aux pertes cruelles qu'ils ont faites, et que ma sollicitude la plus constante sera d'en adoucir l'amertume.

« Après la brillante victoire de l'Alma, j'avais espéré un moment que l'armée ennemie en déroute n'aurait pas réparé si promptement ses pertes, et que Sébastopol serait bientôt tombé sous nos coups ; mais la défense opiniâtre de cette ville et les renforts arrivés à l'armée russe arrêtent un moment le cours de nos succès. Je vous applaudis d'avoir résisté à l'impatience des troupes demandant l'assaut dans des conditions qui auraient entraîné des pertes trop considérables.

« Les gouvernements anglais et français veillent avec une ardente attention sur leur armée d'Orient. Déjà des bateaux à vapeur franchissent les mers pour vous porter des renforts considérables. Ce surcroît de secours va doubler vos forces et vous permettre de prendre l'offensive. Une diversion puissante va s'opérer en Bessarabie, et je reçois l'assurance que, de jour en jour, à l'étranger, l'opinion publique nous est de plus en plus favorable. Si l'Europe a vu sans crainte nos aigles, si longtemps bannies, se déployer avec tant d'éclat, c'est qu'elle sait bien que nous combattons seu lement pour son indépendance. Si la France a repris le rang qui lui est dû, et si la victoire est encore venue illustrer nos drapeaux, c'est, je le déclare avec fierté, au patriotisme et à l'indomptable bravoure de l'armée que je le dois.

« J'envoie le général de Montebello, l'un de mes aides-de-camp, pour porter à l'armée les récompenses qu'elle a si bien méritées.

« Sur ce, général, je prie Dieu qu'il vous ait en sa sainte garde.

« NAPOLÉON. »

A la lettre étaient jointes des sommes considérables destinées à soulager les malades et les blessés; ces sommes furent surtout remises aux Sœurs de la charité. Mieux que personne elles savaient à qui il fallait les donner....

Le champ de bataille d'Inkermann était à peu près déblayé, les blessés et les malades avaient été évacués sur Constantinople... mais l'armée ne pouvait se livrer aux douceurs du repos... nuit et jour il fallait faire face à l'ennemi, creuser des tranchées, s'abriter contre la pluie et la neige, car l'hiver arrivait avec ses rigueurs.

« Notre situation est toujours la même, écrivait un officier français à la date du 8 décembre : nos positions se renforcent, nos batteries et nos ouvrages de siége s'augmentent, et nos soldats soupirent après le dénoûment ; mais le plan des généraux en chef ne transpire pas. De leur côté, les Russes ne se croisent pas les bras ; et l'on peut affirmer que si nos moyens offensifs sont grands, les efforts de la défense sont à la hauteur du danger. Il serait puéril de se le dissimuler, Sébastopol est aujourd'hui bien plus complétement armé, bien plus efficacement défendu qu'il ne l'était lors de nos premières attaques. Bien que la première enceinte ait beaucoup souffert, les retranchements et les travaux élevés par les Russes compensent largement ces premiers désavantages. On peut dire que la ville proprement dite n'a pas souffert sensiblement ; mais le faubourg de la Marine et le quartier Tartare sont détruits : il est vrai qu'ils se trouvent hors de l'enceinte. On distingue très-bien, des hauteurs occupées par les Anglais, ce qui se passe dans la ville. Quoi qu'on en ait dit, tout annonce qu'il n'y règne aucune confusion. L'ordre le plus parfait paraît présider à tout ce qui s'y passe. Les habitants circulent, les troupes paraissent aller et venir sans préoccupation. Sur plusieurs points on aperçoit de longues lignes de fusils en faisceaux. On remarque dans ce mouvement une absence complète de femmes et d'enfants. Les Russes ne perdent rien de tout ce qui se fait dans notre camp : ils paraissent surtout fort inquiets des progrès que font les Français du côté de la Quarantaine.

« Sur ce point nos ouvrages sont à cent cinquante mètres au plus des batteries russes. Le fort de la Quarantaine est dans le plus mauvais état ; et l'on peut compter que lorsque le feu recommencera, il ne tardera pas à tomber complétement en ruine. Le bastion du Mât, malgré les dommages que lui a faits notre artillerie, est encore fièrement campé : il nous a fait beaucoup de mal, il peut nous en faire encore ; mais il ne cause aucun souci à nos officiers de l'artillerie et du génie. Lorsque le moment sera venu, il faudra qu'il succombe. On ne saurait en douter en contemplant les énormes pièces de canon, les mortiers du plus gros calibre qui s'alignent incessamment sous les murs de la place, et ses formidables batteries qui s'allongent et se multiplient sournoisement.

« Nos soldats se livrent à ces pénibles et rudes travaux avec un entrain et un succès qui font l'admiration des Anglais. Chaque jour, ou plutôt chaque nuit, les efforts de l'ennemi viennent expirer devant ces rudes champions, qui ne se font plus qu'un jeu de ces aventures nocturnes, dans lesquels les Russes ne manquent jamais de perdre du monde. Bien plus, les gardes de tranchées sont ordinairement fournies par des volontaires et des hommes nouvellement arrivés, qui, par désœuvrement ou par curiosité, tiennent à voir les Russes de près. Rien n'égale la facilité, le *brio* avec lesquels ces soldats se jettent sur les Russes du plus loin qu'ils les aperçoivent. La chose est devenue pour eux un véritable délassement ; ils se font la main, disent-ils, en attendant la *grosse besogne*.

« Je voudrais bien vous parler aussi des moyens ingénieux inventés (c'est le mot) par nos francs tireurs pour atteindre les artilleurs russes, soit de jour, soit de nuit. Rien n'est plus surprenant ; les officiers anglais viennent à nos tranchées assister aux *procédés* de nos hommes comme à un spectacle. Il ne m'est malheureusement pas permis de divulguer les pratiques singulières de ses intelligents soldats. Les Russes n'y comprennent rien ; ils se démènent, leur artillerie gronde et vomit la mitraille. Rien n'y fait ; nos terribles francs tireurs ne s'aperçoivent nulle part ; chacun de leurs coups porte ; ils s'incrustent, en quelque sorte, au pied même des retranchements ennemis, comme des moustiques dans les flancs d'un taureau.

« Les Anglais travaillent beaucoup, mais leurs ouvrages sont moins avancés. Cela tient à leur défaut d'habitude, qui fatigue énormément leurs hommes, et à l'absence primitive d'ouvrages suffisants. Ils ont eu sur plusieurs points à faire ce qui aurait dû être l'œuvre des premiers jours. Toutefois, malgré leurs fatigues, ils se comportent admirablement toutes les fois que les Russes se montrent de leur côté. Ils ont établi sur les hauteurs d'Inkermann une batterie de huit pièces de 32 qui domine le port et les batteries de terre. Cette position est à quinze cents mètres au nord des lignes anglaises. Nos alliés ont besoin de veiller soigneusement pour éviter que l'ennemi ne l'investisse dans une sortie soudaine. Le corps de Liprandi a délogé de ses positions de Balaklava dans la nuit du 5 au 6, et a brûlé en se retirant les vastes cantonnements en bois qu'il avait dressés pour hiverner. La surprise des alliés a été grande lorsque le 6, des hauteurs du télégraphe, on a vu leurs dernières colonnes se retirer en bon ordre. Cette retraite s'est exécutée d'une manière tellement silencieuse, que les avant-postes, situés à quelques centaines de mètres, n'ont rien entendu. On ne savait d'abord à quelle cause attribuer cette résolution des Russes, qui s'explique peut-être par la difficulté qu'ils éprouvaient à se ravitailler sur ce point, et par les fâcheux effets du débordement de la Tchernaïa, qui a inondé leur camp sur divers points. C'est ce qu'on a pu constater par des reconnaissances. »

Une autre lettre écrite au *Morning-Post* trace un tableau divertissant de la vie quotidienne des officiers anglais :

« J'ose dire que du premier au dernier nous sommes prêts à accepter les épreuves que la Providence voudra nous envoyer. On ne voit point ici de figures allongées, Dieu merci ! Viennent la pluie, la neige, la grêle ou la tempête, — toutes choses que nous connaissons déjà, et que nous connaîtrons mieux encore quand l'hiver sera plus avancé, — toujours on trouve chez nous de bons visages, des cœurs à l'avenant, quelque mauvais calembourg par-ci par-là, un joyeux conte et le petit mot pour rire. Telle est la physionomie générale du camp. Voulez-vous maintenant savoir comment nous passons habituellement nos journées ?

« De grand matin, communément vers quatre heures et demie, nous entendons gratter à la porte de notre tente :

« — Levez-vous, signor, fait une voix dont le baragouin n'a rien d'agréable, *vi prego ; il cafe è pronto.*

« — Comment ! Spero, répond en bâillant un de nos commensaux, il n'est pas encore cinq heures peut-être ?

« — *Si, signor, si, signor*, près de cinq !

« L'officier que réclame le service se lève aussitôt, avale son café, mange sa ration de jambon et de biscuit, jette sur ses épaules une sorte de bissac contenant ses provisions de la journée et un petit flacon de rhum, prend son épée et se rend aux tranchées, où il sera jusqu'à six heures du soir. Les autres habitants de la tente restent enveloppés et sommeillant de leur mieux dans leurs couvertures jusqu'à ce que le soleil, si ce jour-là il lui plaît de se montrer à l'horizon, ait répandu sur les deux camps le bienfait impatiemment attendu d'un peu de lumière et de chaleur. C'est le moment où nous sortons de nos couvertures pour nous précipiter sur le déjeuner avec cet appétit féroce que donne presque toujours une nuit passée au grand air. La table, formée de deux planches clouées sur quatre pieux, est garnie de cuillers d'étain et de fourchettes de fer; la vaisselle, les boîtes à thé, les salières, tout est en étain ou en ferblanc. A peine avons-nous pris place, nous regardant de l'air affamé avec lequel les voyageurs d'autrefois se ruaient dans l'auberge où la diligence faisait halte, que nous voyons paraître la figure riante d'un soldat portant d'une main une noire poële à frire où pétillent encore les tranches de porc ou de bœuf, et de l'autre une provision de biscuit que le cuisinier a arrosé de lard pour lui donner plus de saveur. C'est là, avec une pomme de terre ou un oignon de temps en temps, et une ou deux tasses de café, tout notre déjeuner. La pipe, cet inséparable ami du soldat en campagne, succède au repas, « pour faciliter la digestion, » comme disent nos alliés; après quoi, si aucun devoir

ne nous réclame, ce qui est rare, chacun s'occupe comme il l'entend.

« Mais le soldat n'est jamais sûr d'un moment de loisir. Quand il se croit le plus tranquille, et au moment où il vient de *mettre la main à la plume* pour envoyer à sa digne et vieille mère quelques mots qui la rassurent, il n'est pas rare de voir venir un officier sortant de la tente du commandant:

« — Qui cherchez-vous, mon officier? demande notre écrivain prévoyant bien le sort qui l'attend, mais il reste encore une dernière espérance.

« — Vous-même, l'ami; le colonel vous ordonne de vous joindre à la demi-brigade de sapeurs qui va se rendre sur la route d'Inkermann pour achever de la couper. Il trouve que ce qu'on a fait sur ce point n'est pas suffisant.

« Le pauvre soldat l'avait bien deviné, il faut partir, et sans délai, et il restera sur la route jusqu'au coucher du soleil, ses habits trempés de pluie, avec le rhum et le porc salé dont se compose sa ration, et qui sont bien ses meilleurs amis.

« Nous dînons d'ordinaire à trois heures. La table est de cinq couverts, et nous sommes d'une exactitude toute militaire. A l'heure dite nous nous mettons à table avec les appétits les plus impatients, et au moindre retard des murmures s'élèvent contre le malheureux cuisinier qui nous fait attendre. Quand au

menu de notre dîner, il varie suivant les circonstances : mais nous
nous arrangeons de façon à avoir
généralement un bon plat, attendu
qu'en principe nous tenons pour
certain qu'une bonne et régulière
nourriture est le meilleur moyen de
conserver sa santé au milieu des
épreuves que nous avons à subir.
Aussi estimons-nous que le corps
bien nourri vaut mieux que la bourse
bien garnie. Et quels joyeux rires,
quel jeu continu de plaisanteries
autour de la bienheureuse gamelle !
L'un est accusé de prendre toute la
viande pour lui seul, à l'autre on
rappelle que les friandises de la saison coûtent de l'argent, un troisième est unanimement condamné
aux arrêts pour avoir pris plus que
la ration de grog. Chacun tour à
tour est ainsi convaincu d'avoir dé-
robé quelque chose à son voisin, et
tout cela se passe si gaiement que
notre petit cercle ressemble à une
des plus touchantes réunions de famille qu'on puisse rencontrer dans
Trafalgar-square ; le plus petit
nuage ne s'élève jamais entre nous.

« Souvent le service nous enlève
quelqu'un de nos convives. Ces
jours-là, au moment où se termine
le dîner et quand nous savourons le
café, qui est loin d'être mauvais,
nous sommes sûrs d'entendre une
voix crier d'aussi loin qu'elle peut
espérer se faire entendre :

« — Spero, mon dîner tout de
suite ! dépêchons, je ne veux pas

attendre, je meurs de faim !

« — *Momento, signor, momento, un
poco di patienza*, voilà le dîner *subito.*

« Et prompt comme l'éclair, Spero
reparaît avec la gamelle où le camarade qui a passé la journée à la
tranchée trouve au moins un bon
repas. Il est de fait que le grand air
fait des merveilles sur les plus mauvais estomacs, et parmi nous l'hypo-
condriaque même sent venir la faim.
Figurez-vous donc comme doit manger et boire après un jour de faction sur les hauteurs l'officier qui
dans toute sa carrière n'a pas encore connu un jour de maladie, et
comme il doit remercier Dieu quand
il trouve en rentrant une abondante
et saine nourriture ! Pendant ce second repas la nuit est venue, et
alors nous nous retirons sous la
tente et nous passons la soirée à
causer des événements du jour ; ce
sont là, je vous assure, de gais et
charmants entretiens, à moins que
la perte récente de quelques camarades ne jette sur toutes ces réunions
un voile de tristesse. On raconte,
on discute les événements militaires
du jour ; chacun les juge à son point
de vue, et presque toujours ces cau-
series nous mènent à parler de l'a-
venir et des perspectives qui s'ou-
vrent devant nous. Les construc-
tions des baraques, les mouvements
de l'ennemi, tout ce qui a rapport
à ce siége important, voilà les sujets
ordinaires de nos entretiens. Parfois aussi la conversation tourne au

sentiment: les jours passés à l'école, les frères aimés, les sœurs si dévouées, la vieillesse vénérée des grands parents, les lieux où s'écoula notre enfance, en un mot tout ce qui se rattache aux joies de la maison paternelle se présente à notre souvenir, et cela dure jusqu'au moment où, la tête bien chaudement enserrée dans le bonnet de nuit, nous nous étendons sur notre lit, non pas de roses, mais de couvertures, pour y dormir autant que le devoir et les circonstances le voudront bien. »

Le général Montébello.

Après l'ouragan du mois de novembre, l'armée alliée profita du calme pour reconstruire les baraques démolies. On adopta les tentes coniques des turcs, on se bâtit des abris en pierre ; on construisit des cuisines souterraines. « Les soldats français et anglais n'ont pas perdu un seul instant, mande aux journaux de Londres un officier de *riflemen*. Huit jours s'étaient à peine écoulés, que les dégâts causés aux magasins et aux hangars de l'intendance, et aux baraques servant d'ambulance ou de-corps-de garde, étaient complétement réparés ; les tentes étaient relevées. Une semaine avait suffi pour effacer jusqu'aux moindres vestiges d'un désastre qui d'abord avait paru irréparable.

« On songe aussi à s'abriter mieux pour l'avenir. Les Français se montrent surtout fort ingénieux dans la construction de leurs quartiers d'hiver. Ils ont transformé les vignes et les treilles des environs en claies fort hautes qu'ils dressent pour défendre leurs tentes et leurs hangars contre la violence des vents de la Crimée. Mais décidément, et malgré tout, nous avons là un mauvais hiver à passer.

« Les Turcs, qui sont patients, s'ils ne sont pas braves, ont fort utilement employé leur temps à se creuser des huttes souterraines auxquelles, pour les mieux garantir du vent, on n'arrive que par des galeries tournantes, et où ils ont percé et construit des cheminées en argile, afin de pouvoir se donner le plaisir d'un bon feu. Je crains qu'ils ne s'y trouvent si bien, qu'il ne soit difficile de les en faire sortir pour le travail ou pour le combat. Le soldat anglais a moins de ressources et d'expérience en pareille matière : il fait de son mieux cependant pour s'établir de la façon la moins incommode possible. Mal-

heureusement l'infanterie est tellement occupée aux tranchées, qu'il lui reste bien peu de temps pour se bâtir des refuges contre l'hiver. L'artillerie et la cavalerie ont plus de loisir et ont apporté dans la construction de leurs baraques beaucoup de patience et d'habileté ; quelques-unes sont vastes et même assez bien distribuées. Jamais ne fut mieux démontrée la vérité du vieux proverbe : « La nécessité est mère de l'invention. » Le soldat anglais, qui, au moment où il quitte son pays était le plus emprunté et le plus embarrassé des mortels, a maintenant appris à se tirer d'affaire comme un autre, et quand il s'agit de son *comfort* il trouve déjà des ressources et montre une habileté surprenante. Il a fait particulièrement dans l'art de la cuisine des progrès étonnants ; non-seulement il sait faire une bonne soupe avec presque rien, mais il a appris à donner à sa pitance de porc et de bœuf salés une tournure tout à fait appétissante. »

Les lignes de circonvallation furent tracées et hérissées de bastions, de courtines et de retranchements au milieu des averses, des coups de vent, des bourrasques de neige, malgré les difficultés des transports et le mauvais état des chemins, qui deviennent de plus en plus impraticables. Afin de prévenir de nouvelles surprises de l'ennemi, on abattit les broussailles et les taillis qui couvraient la vallée.

Vers la fin de novembre, l'administration française commença à expédier en Crimée des paletots, des capotes à capuchons, des guêtres en peau de mouton, des chaussures solides, des habillements imperméables. Leur apparition causa une joie naïve aux pauvres gens qui ne se garantissaient de la pluie dans les tranchées qu'en portant leur couverture nouée autour du cou. Avant ce renouvellement de garderobe, un officier du 27e écrivait au *Journal du Loiret* : « Si vous pouviez voir aujourd'hui ce beau régiment dont vous admiriez tant à Orléans la brillante tenue, vous en lèveriez les mains au ciel, à coup sûr ! Des figures hâves, des barbes incultes, des vêtements de toutes les formes et de toutes les couleurs, excepté des couleurs et des formes connues, et sur le tout de la boue d'une semaine, rafraîchie chaque jour par de la boue nouvelle : tel est notre aspect, aussi laid que nouveau. Ce matin en revenant d'un trou boueux où nous avions passé la nuit de grand'garde, je riais en voyant derrière moi ma compagnie. Il n'y a pas de bohémiens d'un aspect plus varié. Il avait plu toute la nuit, bien entendu, et, comme chaque homme s'ingénie pour se préserver de l'eau, il en résulte le plus bizarre assortiment d'effets sans nom, formé de mille débris russes, anglais et français, mais où

ces derniers sont en minorité. Ce que je dis du 27e s'applique à toute l'armée. Un bariolage étrange, pittoresque, incroyable, inouï et dont je ne saurais vous donner une idée. »

La situation des armées à la fin de novembre est indiquée par le rapport du général Canrobert.

Devant Sébastopol, 28 novembre 1854.

« Monsieur le maréchal,

« Le temps s'améliore, et c'est une circonstance qui est loin d'être sans intérêt pour nos opérations. Une pluie continuelle et l'état des chemins sur les plateaux où nous sommes établis avaient augmenté considérablement les difficultés des transports des vivres et de matériel. Un rayon de soleil va réparer tout cela, et nous allons reprendre nos travaux avec un redoublement d'activité.

« L'ennemi met de son côté à profit ces intermittences forcées pour augmenter ces moyens de défense, ainsi que nous pouvons le constater. Jusqu'à présent il a cherché avant tout à nous intimider, et jamais on n'a vu une pareille consommation de poudre et de boulets ; nos officiers d'artillerie calculent qu'ils ont tiré pour cet objet depuis notre arrivée sous les murs de Sébastopol, quatre cent mille coups de canon et brûlé un million deux cent mille kilogrammes de poudre. On peut se faire une idée, d'après cela, des approvisionnements accumulés depuis longtemps dans la place. Nous remarquons cependant que leur artillerie est plus économe de son tir, et particulièrement que celui des projectiles creux a beaucoup diminué. Le chiffre de nos tués ou blessés ne dépasse pas quinze par jour.

« L'armée du prince Mentschikoff se maintient sur la défensive. Elle couvre ses positions d'ouvrages défendus par des pièces de marine, et il semble acquis que jusqu'à nouvel ordre elle a renoncé à rien entreprendre contre nous.

« Pendant ce temps notre position s'améliore sous tous les rapports. Les renforts nous arrivent, et nos régiments de zouaves, comme tous ceux qui sont originaires d'Afrique, présentent surtout un ensemble des plus satisfaisants. Nos approvisionnements ont pris surtout de grandes proportions, et je me trouve dès aujourd'hui en mesure de distribuer aux troupes une ration quotidienne de vin et d'eau-de-vie. C'est un point très-important, qui nous épargnera bien des maladies et sauvegardera nos effectifs.

« D'autre part, les vêtements d'hiver nous arrivent, et déjà la capote à capuchon, le paletot en peau de mouton dominent dans nos camps. Le soldat supportera noblement et courageusement l'épreuve de la mauvaise saison, se voyant ainsi l'objet de soins nouveaux pour lui et qui témoignent de tant de sollicitude pour sa situation de la part de l'empereur et de son ministre.

« Le gouvernement turc m'a promis six mille tentes coniques, qui sont fort recherchées ici parce qu'elles résistent mieux que les nôtres aux vents très-violents de ces contrées.

« Je puis vous assurer, Monsieur le maréchal, que l'armée devient d'une rare solidité, et vous ne sauriez imaginer à quel point nos jeunes gens, tout à coup mûris par la grandeur de la lutte, deviennent vite de vieux soldats. Vous n'auriez pas vu sans un vif sentiment de satisfaction des lignes déployées rester calmes et immobiles sous un feu de canon que lord Raglan m'a déclaré être supérieur à celui qu'il avait entendu à Waterloo.

« Je vous donne ces détails, parce qu'ils ne peuvent manquer de vous intéresser vivement, de vous rassurer en même temps ; enfin, de vous donner la mesure de la confiance que m'inspirent mes troupes.

« Les nouvelles divisions trouveront ici des aînées qui leur donneront de bons exemples.

« Veuillez agréer, etc.

« Le général en chef,

« CANROBERT. »

CHAPITRE II

Divers renseignements — Les prisonniers et les Russes. — L'homme au paletot blanc. — Trésors cachés. — Un bouton de l'habit du prince Mentschikoff. — Un prisonnier russe.

Nous avons dit que les Russes avaient maltraité les blessés ; toutefois il faut être juste même envers un ennemi. Il paraît que s'il y eut des actes cruels de leur côté, il y eut aussi de la générosité et de la pitié.

Diverses preuves tendent à établir que les Français ou Anglais tombés entre les mains des Russes furent traités avec tous les égards qu'on doit au courage malheureux. On en peut citer pour exemple l'histoire d'un jeune soldat qui fut amputé des deux jambes à l'hôpital de Sébastopol. Il mandait à son oncle, négociant à Paris :

«Mon bon oncle, je viens te charger d'une assez vilaine commission ; mais j'espère bien que, par amitié pour moi, tu voudras bien t'en acquitter. Un officier supérieur russe, qui est excessivement bon pour moi, m'a promis qu'il ferait parvenir cette lettre en France, et c'est pourquoi je te l'adresse. Voici le plus triste. Je suis prisonnier des Russes depuis le 5 de ce mois ; et malheureusement c'est qu'avant cela j'ai eu les deux jambes cassées par une volée de mitraille, et on a été obligé de me les couper toutes les deux au-dessous du genou. L'opération a été très-adroitement faite. Je vais par-faitement bien et tout me fait espérer que j'en réchapperai. Mais tu conçois, quelles horribles douleurs n'a-t-il pas fallu endurer pour en arriver là !

« Enfin, remercions Dieu ensemble de ce qu'il a bien voulu nous protéger en ne prenant qu'une partie et non la totalité de sa créature. Nous sommes, du reste, très-bien : nous sommes accablés de visites. Hier les deux archiducs sont venus ; tout le monde est parfait ; on nous témoigne beaucoup de bienveillance ; mais pour nous qu'est-ce auprès de la liberté et de la santé ! Dis bien à mon père et à ma mère tout ce que tu jugeras propre à les consoler. Je leur aurais bien écrit directement ; mais leur âge, leur état de maladie m'ont fait craindre pour eux ; je préfère te charger de ce vilain rôle. Adieu, mon bon oncle, etc.

« D***, soldat au 40ᵉ de ligne.

« Post-scriptum. Sébastopol n'est pas encore pris, car nous sommes dedans. »

La famille D*** sollicita auprès des autorités russes l'autorisation de lui faire passer de l'argent. Le chancelier de Russie répondit :

« La lettre par laquelle vous réclamez mes bons offices en faveur d'un soldat français m'est parvenue avant-hier. Je suis dès aujourd'hui à même de vous fournir à son sujet les informations les plus exactes. Elles sont malheureusement bien tristes, car le pauvre jeune homme a succombé à ses terribles blessures. Après l'amputation des deux jambes, le jeune D*** a vécu encore quatre semaines; il allait même si bien, qu'on avait presque l'espoir de le sauver, et comme tout le monde s'y intéressait, une carriole avait été fabriquée pour le transporter dans le camp français, lorsqu'il est mort à la suite d'un violent accès de fièvre. Ces détails m'ont été donnés par le jeune comte Paul Schouwaloff, aide de camp du grand-duc Michel, arrivé ces jours-ci avec son Altesse Impériale. Il a connu D*** et l'a beaucoup soigné lui-même. Après la bataille d'Inkermann, nos jeunes grands-ducs ont voué toute leur sollicitude aux victimes de ce sanglant combat, et se sont fait adorer de l'armée.

« *Signé* NESSELRODE. »

Presque chaque jour des parlementaires étaient envoyés à Sébastopol pour donner aux prisonniers les lettres qui leur arrivaient d'Occident. Avant d'être remises aux destinataires, elles étaient ouvertes à l'état-major de la place. Une d'elles, écrite par une jeune dame anglaise à un de ses compatriotes, tomba le 17 janvier entre les mains du prince Mentschikoff, qui lut avec étonnement ce passage : « Quand vous aurez fait Mentschikoff prisonnier, j'espère bien que vous m'enverrez un bouton de son fameux paletot; je vous promets d'en faire une relique. » Le prince sourit, coupa immédiatement un de ses boutons et le remit au parlementaire chargé de transférer les réponses : — « Monsieur, dit-il, veuillez expédier ce bouton à la personne qui a écrit cette lettre. Je peux ne pas être pris de sitôt; mais, pour ne pas faire attendre à une jeune dame une chose aussi simple, je lui envoie très-volontiers par avance ce qu'elle paraît désirer si fort. »

Généralement, quand ils n'avaient pas les armes à la main, les Russes affectaient dans leurs relations avec leurs adversaires une courtoisie qu'on n'aurait pas attendue d'eux.

Une bande d'outardes volait au-dessus des tranchées : les Français et les Russes tirent dessus à l'envi, et quatre outardes tombent entre les fortifications russes et les tranchées françaises; mais personne n'osait aller ramasser le gibier. Un capitaine russe s'avance, tire de sa poche un mouchoir blanc et l'agite pour annoncer qu'il réclame un armistice. Il marche résolûment vers les quatre outardes, en prend deux, qu'il va présenter aux Français, puis, après les avoir salués, il revient ramasser les deux autres oiseaux et les emporte dans Sébastopol aux applaudissements des ennemis.

Les travailleurs étaient efficacement protégés par les tirailleurs de la compagnie franche, qui, cantonnés dans leurs trous, décimaient l'artillerie russe et réussissaient souvent à faire taire plusieurs pièces de la même batterie. Ces intrépides aventuriers étaient tellement rapprochés des travaux des Russes dans les boyaux en zigzag, que la mitraille de la place passait par-dessus leurs têtes sans les atteindre, n'excitant parmi eux que des quolibets et des rires ironiques. Un de leurs exploits fut la défaite de *l'homme au paletot blanc*, dont nous avons parlé dans notre précédente série. Ce militaire, ancien officier de marine, était invariablement vêtu d'un paletot gris et blanc, avec bandes d'or au collet; mais, depuis la mauvaise saison, il avait renoncé à sa batterie volante. Chaque jour, à onze heures du matin, on le voyait sortir de sa maison, située sur une petite place de Sébastopol; il fumait tranquillement sa pipe sur le pas de sa porte: puis deux domestiques lui apportaient péniblement un petit mortier, qu'il braquait et pointait avec une certaine habileté; après avoir envoyé quelques obus dans les lignes françaises, il rentrait paisiblement dans son logis. Depuis plusieurs mois les tireurs les

plus adroits le visaient sans le toucher. Enfin un zouave piqué au vif se construisit pendant la nuit un abri en terre pour atteindre notre homme. Le premier jour il le manqua; le second le pauvre officier tomba mort auprès de la pièce.

Les mineurs employés à bouleverser le sol autour de la place firent parfois de curieuses découvertes. Les seigneurs et les dames russes des environs de Sébastopol, en s'enfuyant précipitamment, avaient enfoui quelques trésors, qui furent arrachés de leurs cachettes. On déterra de l'argenterie, de la vaisselle plate, des bijoux, des parures en pierreries, des curiosités coûteuses, des produits de l'industrie parisienne. Un coup de pioche brisa même une boîte, où était enfermé un chapeau de satin rose, portant l'adresse d'une modiste de la rue de la Paix, à Paris. Après avoir été successivement essayée par tous les mineurs, l'élégante coiffure devint le principal ornement de leur tente.

Un soldat russe, fait prisonnier le 5 novembre pendant la sortie, et transféré à l'hôpital français de Constantinople, y subit un interrogatoire qui révéla quelques particularités intéressantes. On lui demanda d'abord quel était son nom. Il déclara s'appeler Wasily, sergent du 31e régiment (régiment de Wladimir).

« Êtes-vous depuis longtemps au service?

— Depuis vingt-six ans.

— Où avez-vous été blessé?

— Le 5 novembre, au combat de la Quarantaine.

— Combien y avait-il de Russes à la sortie contre la gauche de nos attaques?

— Dix mille, bataillons et réserves compris, sortis de trois casernes.

— Combien restait-il de soldats dans Sébastopol?

— Il restait très-peu de monde; tous les soldats avaient renforcé l'armée pour l'affaire d'Inkermann.

— Y avait-il beaucoup d'eau dans Sébastopol?

— Il n'y en avait pas beaucoup avant les pluies; mais les pluies ont rempli les citernes, et depuis ce temps on nous donnait de l'eau à volonté.

— Y a-t-il beaucoup de vivres dans Sébastopol?

— Il y en a pour soixante-dix mille hommes.

— Quelle est la nourriture du soldat?

— Deux fois la semaine ils ont de la viande fraîche, ordinairement du biscuit et des épinards.

— Le feu des Français a-t-il tué beaucoup de monde dans la place?

— Les soldats tombaient comme de la pluie.

— Depuis combien de temps votre régiment est-il à Sébastopol?

— Depuis un mois.

— Que pensez-vous du combat de la Quarantaine?

— Tout le monde avait peur que les Français n'entrassent du même coup dans la ville; les Russes avaient reçu l'ordre de battre en retraite pour se retirer dans les casernes et les défendre, parce qu'il n'y avait que peu de monde dans Sébastopol. Même après la rentrée des troupes, ils craignaient encore de voir arriver les Français.

— Les rues de la ville sont-elles barricadées?

— Toutes les entrées de la ville sont barricadées; quant aux rues, je n'en sais rien. Les soldats sont enfermés dans les casernes, et n'en sortent que pour combattre.

— Quel est le côté le plus facile pour entrer dans Sébastopol?

— Le côté de la Quarantaine, où l'on s'est battu le 5, n'est défendu que par les batteries. Quand nous avons vu arriver les Français sur elles, et entrer dans l'une d'elles, nous nous sommes crus perdus. Maintenant il est sûr que l'on fera de ce côté des fortifications.

— Quelles sont les recommandations que l'on fait aux soldats russes?

— De tirer toujours sur les officiers.

— Pourquoi les Russes ont-ils toujours fait leurs sorties par la gauche?

— Parce qu'ils savaient que les Français gardent mieux leur droite que leur gauche.

— Y a-t-il eu des généraux tués dans ce combat?

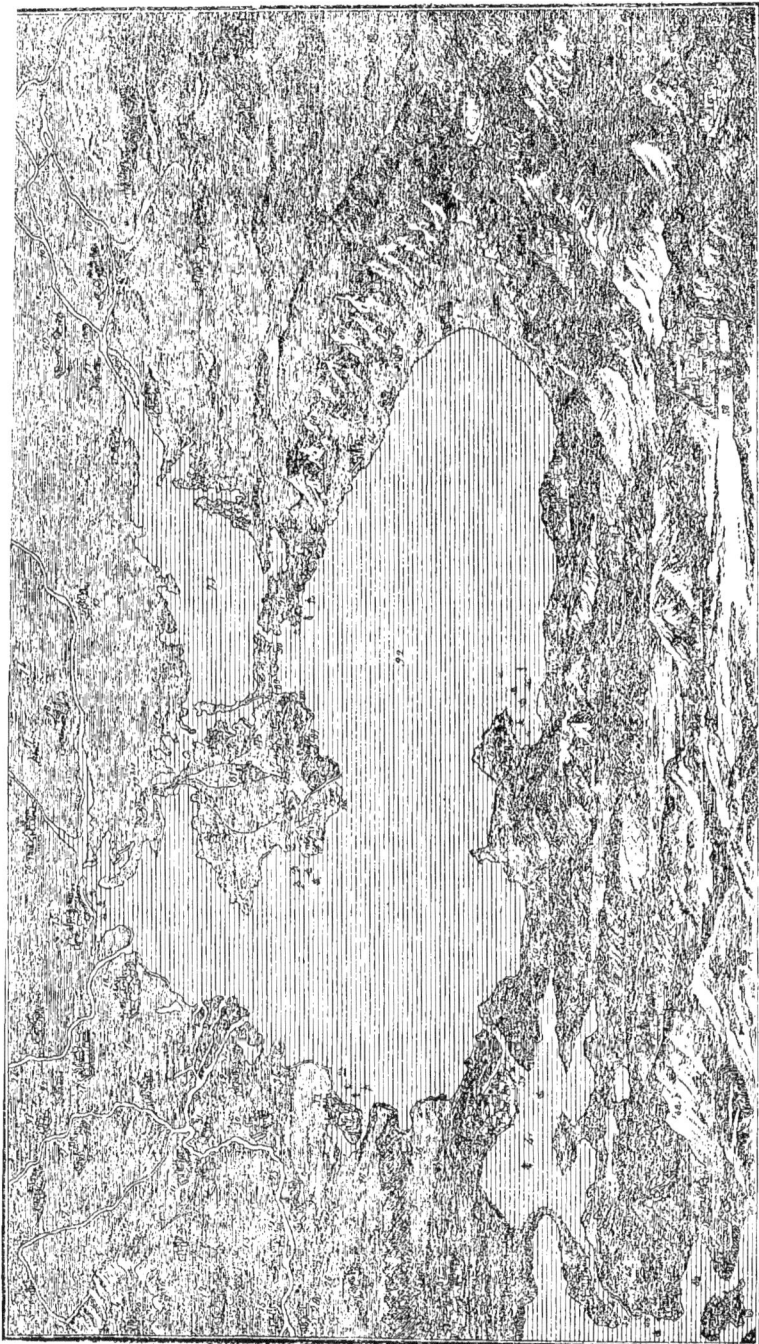

1 Batoum. 2 Sereth (ville). 3 Sereth (rivière). 4 Transylvanie. 5 Kronstadt. 6 Monts Carpathes. 7 Moldavie. 8 Botuchany. 9 Jassy. 10 Galatz. 11 Braïlow. 12 Bucharest. 13 Valachie. 14 Oltenitza. 15 Giurgewo. 16 Bessarabie. 17 Bender. 18 Akerman. 19 Kilia. 20 Kageïal. 21 Faltsi. 22 Kichenau. 23 Pruth (rivière). 24 Dniester. 25 Danube. 26 Bulgarie. 27 Schumla. 28 Rustchuck. 29 Silistrie. 30 Hirsova. 31 Matchin. 32 Babadagh. 33 Varna. 34 Baltschick. 35 Monts Hœmus ou Balkans. 36 Burgas. 37 Andrinople. 38 Constantinople. 39 Bosphore. 40 Scutari. 41 Mer de Marmara. 42 Dardanelles. 43 Gallipoli. 44 Sulianich. 45 Bomarbaki. 46 Baie de Bésika. 47 Mont Ida. 48 Mont Olympe. 49 Broussc. 50 Ismid. 51 Boti. 52 Sinope. 53 Trébizonde. 54 Angora. 55 Tokat. 56 Amasia. 57 Niksar. 58 Erzeroum. 59 Bajazid. 60 Mont Ararat. 61 Erivan. 62 Kars. 63 Gumri. 64 Pirouali. 65 Tiflis. 66 Gori. 67 Stavropol. 68 Monts Caucase. 69 Cosaques du Don. 70 Don (fleuve). 71 Nouveau – Tcherkavack. 72 Rostov. 73 Azof (mer). 74 Steppes russes. 75 Odessa. 76 Nicolaief. 77 Howard. 78 Kerson. 79 Bérislaw. 79 (bis.) Perécop. 80 Crimée. 81 Siméropol. 82 Batscheserai. 83 Sébastopol. 84 Eupatoria. 85 Vieux-Fort. 86 Balaclava. 87 Alustha. 88 Caffa. 89 Golfe de Caffa. 90 Kostch. 91 Anapa. 92 Mer Noire.

— Le général Schalnakoff, général de brigade.

— Combien de temps Sébastopol peut-il encore résister ?

— Dieu le sait ! Les chefs font croire que les Français n'entreront jamais ; mais les soldats savent bien le contraire.

— Quel est le chiffre total de l'armée russe ?

— Cent mille hommes (1). »

CHAPITRE III

Travaux de l'armée. — Son état moral. — Lettre d'un aumônier. — Rapport du général Canrobert.

Aux intempéries de la saison venaient encore s'ajouter des fatigues continuelles. Malgré tout, le moral du soldat est resté le même...

Pour protéger les gardes de tranchée, on avait créé trois compagnies de cent cinquante hommes chacune, recrutées, la première dans la première division, les deux autres dans le reste de l'armée. La garde avancée des tranchées était confiée chaque nuit à une de ces compagnies d'*éclaireurs volontaires*, *infernaux* ou *enfants perdus*. Le capitaine avait carte blanche, et pouvait tenter à peu près ce qu'il voulait; seulement s'il avait besoin de plus de cent cinquante hommes, il devait s'adresser au général de tranchée. « Le capitaine, dit le correspondant du *Journal du Loiret*, a des tâches assez variées. Le plus souvent il doit détruire les embuscades russes dont le feu a le plus gêné les travaux.

Dans ce cas la manière d'opérer est simple, la voici : Quand la nuit est bien complète, chacun passe par dessus la tranchée et s'avance en silence, pose son fusil en avant, le rejoint, puis le repose plus en avant et ainsi de suite, toujours à quatre pattes. Les officiers dirigent la marche : quand ils sont près de l'embuscade, au cri de : *A la baïonnette !* tout le monde se dresse, s'élance, franchit l'obstacle; puis, à grands coups d'épaule et de crosse, la muraille est renversée avec un grand fracas de pierres. Alors on rentre au galop sous la mitraille, que la place envoie toujours trop loin. Voilà tout le secret : du silence, de la baïonnette; puis, vainqueurs ou découverts, une rentrée au galop. Mais ce sont là les heureux du siége. Une nuit sur trois ils font ce métier. Le reste du temps est à eux,

(1) LA BÉDOLLIÈRE, *Nicolas*.

et ils l'ont bien gagné (1). »

Les lettres particulières exposent les faits beaucoup mieux que nous ne saurions le faire; elles ont un cachet inimitable de naïveté; les impressions personnelles et immédiates qu'elles décrivent saisissent le lecteur, dont elles excitent la sympathie. Les récits du moindre soldat campé devant Sébastopol possèdent un accent de vérité, une saveur, on pourrait dire un goût de terroir, qui manquent à ceux qu'arrangent au coin de leur foyer paisible les historiographes parisiens. Aussi nous effaçons-nous modestement toutes les fois que nous trouvons dans les correspondances privées une peinture vive et animée des événements. Ayant à mentionner les canonnades perpétuelles des Russes, pourrions-nous en parler plus savamment que le témoin oculaire et auriculaire qui écrit au *Nouvelliste de Marseille :*

Devant Sébastopol, 17 décembre.

« Hier, une grêle épaisse et des rafales de neige entremêlées de givre avaient couvert le plateau, nos tentes et nos chevaux d'une couche blanchâtre qui sentait sa Russie à plein nez. Mais tout cela s'est fondu, car il ne fait pas froid ici; nous voilà donc encore une fois dans des boues impraticables. De là, un nouveau retard; de là, ces lenteurs qui reculent le grand jour de l'attaque. Néanmoins nous y marchons à force d'efforts de tout genre, et avant peu,

(1) LA BÉDOLLIÈRE. *Sébastopol.*

croyez-le bien, les batteries alliées recommenceront la lutte avec celles de la place. Ce sera donc encore une fois par un coup de tonnerre qu'on essayera de faire un jour praticable à travers toutes les batteries, toutes les défenses, toutes les barricades que notre inaction forcée pendant plus d'un mois a permis à l'ennemi d'élever tout à son aise, car nous ne tirons pas depuis bien longtemps. La place n'a jamais cessé son feu; les coups se succèdent par intervalles presque réguliers; puis, de temps à autre et comme par un caprice du chef, un feu roulant de tout le front s'ouvre subitement. Heureusement qu'il ne fait pas le mal que l'ennemi en espère. Nous en sommes quittes pour quelques pertes peu sensibles et des démantèlements partiels que l'on a vite réparés.

« Néanmoins il faut bien reconnaître que ce système de tir continu a une influence sur la marche de nos travaux de siége. Quelque aguerries que soit des troupes, quelle que soit la profondeur des tranchées, elles ne travaillent pas sous les projectiles avec le même sangfroid et la même aisance que si elles n'étaient pas inquiétées. L'homme qui a les deux jambes dans l'eau jusqu'à la cheville et qui, de temps à autre, reçoit des obus ou des bombes par-dessus la tête, se trouve incommodé des deux côtés extrêmes et n'a guère d'aisance dans ses mouvements. Il ne se gare du feu qu'en se plongeant dans l'eau, et s'il sort de l'eau il s'expose au feu. C'est cette loi, la plus simple de l'art : *Inquiéter son ennemi et gêner ses travaux*, que les Russes n'ont cessé d'appliquer avec une constance d'autant plus tenace, que les canons et les munitions ne leur manqueront que le jour où nous serons maîtres de la ville.

« Encouragés par l'impunité, ils travaillent avec une ardeur, une célérité, une habileté, qui font honneur à leurs ingénieurs. Ils appliquent dans toute sa rigueur cette donnée : qu'il faut trente-six heures pour construire et armer une batterie. Il est vrai qu'ils sont bien tranquilles, et que les matériaux que nous allons chercher si loin sont tout portés pour eux. A peine avons-nous ébauché à grands coups de pioche, de pic à roc et même de pétards, nos batteries creusées dans le rocher, que l'ennemi en démasque deux tout armées qui les enfilent.

« Il y a donc là une infériorité indépendante de notre savoir-faire; conséquence de la différence des situations, des terrains, des ressources sous la main, et d'un bien-être relatif, consistant pour l'ennemi dans la sécurité et dans l'abri que les casernes offrent à ses nombreux défenseurs.

« Malgré ces puissants éléments, inévitablement acquis à la défense,

il y aurait cependant lieu de discuter ici cette thèse toute spéciale de l'art militaire, à savoir : si, en pareil cas, des attaques foudroyantes, mais distantes et saccadées, sont préférables à une attaque moins vive mais soutenue. Les partisans de l'attaque foudroyante, dont le système a prévalu depuis l'ouverture des opérations, prétendent qu'en présence d'une supériorité pareille de pièces, il serait puéril d'ouvrir son feu partiellement; qu'une batterie isolée serait aussitôt détruite que démasquée, toutes celles de la place pouvant converger sur elle. Les adversaires de l'attaque sur tout le front à la fois, objectent avec raison que l'inaction prolongée qu'exige la préparation d'une telle attaque, (n'oubliez pas qu'il nous a fallu dix-sept jours la première fois, et qu'il nous aura fallu plus d'un mois cette fois-ci) est un armistice pour l'assiégé, pendant lequel il se répare, arme de nouvelles batteries, reçoit des renforts; en un mot, se remet à neuf. »

En même temps qu'ils prodiguaient les projectiles, les assiégés multipliaient leurs sorties nocturnes. Les escarmouches auxquelles donnaient lieu leurs tentatives se ressemblaient presque toutes. Toujours l'ennemi, à la faveur des ténèbres, s'approche des batteries anglaises ou françaises, tue quelques hommes et est repoussé dans la place. Nous n'indiquerons que les plus importantes de ces expéditions, qui se renouvelaient presque chaque nuit.

Le dimanche 1er décembre, vers huit heures et demie du soir, la nuit étant très-obscure et très-orageuse, le vent soufflant en véritable ouragan, l'ennemi, en forces assez imposantes, sortit de Sébastopol par la batterie du Jardin, qui est vis-à-vis les ouvrages les plus avancés des Français. Favorisés par une obscurité épaisse, les Russes purent s'approcher à une quarantaine de mètres des batteries françaises. On donna l'alarme immédiatement; mais avant que nos troupes fussent préparées les Russes arrivèrent, et quelques-uns même escaladèrent les parapets des batteries.

La surprise cependant ne fut que momentanée. Ceux des Russes qui avaient réussi à entrer dans nos ouvrages furent tués, et les Français, au nombre de sept à huit cents, tombèrent sur l'ennemi à la baïonnette. Les Russes, épouvantés par l'élan de nos soldats, s'enfuirent à toutes jambes, laissant derrière eux plusieurs centaines d'hommes tués ou faits prisonniers. Les Français les poursuivirent presque jusqu'aux murs de la ville. Tous les forts ouvrirent leurs feux pour protéger la retraite; mais les Français étaient abrités par les accidents du terrain.

Vers une heure du matin de forts détachements d'infanterie russe faisaient une seconde sortie dans le but de déloger les Français de leurs positions. Ceux-ci virent l'ennemi, se dispersèrent en silence, le laissèrent avancer, et l'accueillirent par une fusillade meurtrière qui le mit en déroute.

Le 12, vers neuf heures, deux mille Russes sortirent encore par la batterie du Jardin. Trouvant les Français prêts à les recevoir, ils firent un mouvement pour attaquer en flanc les batteries anglaises; mais ils furent chaudement accueillis et forcés de se retirer.

Une sortie russe et une reconnaissance française signalèrent la journée du 20 décembre.

Rien ne décourage les Français. Le danger les réjouit.

« Bonne nouvelle, mon cher ami, « écrit un soldat. La monotonie qui « régnait depuis quelques jours a « fait place à de nouvelles émotions. « Encore une attaque des Russes, « encore un succès.

« Ce matin, à trois heures, l'en- « nemi a fait une sortie sur notre « gauche. Le soin que je mets à « vous transmettre des nouvelles « exactes ne me permet pas de vous « fixer le chiffre des assaillants; de- « main ou jeudi, je pourrai vous « donner des renseignements com- « plets; mais les Russes étaient « très-nombreux; on peut l'affirmer « dès à présent. Nos sentinelles « avancées et nos grand'gardes se « sont immédiatement repliées sur

« les batteries et les troupes de ser-
« vice à la tranchée. L'engagement
« a été très-vif de part et d'autre ;
« l'affaire s'est passée sur le front
« des batteries numéros. 8 et 9.
« Presque toute la division Forey a
« pris les armes, ainsi qu'une par-
« tie de la 5ᵉ division, placée sur ses
« derrières. La brigade du général
« La Motte-Rouge a été, paraît-il,
« principalement engagée.

« Le combat n'a pas été long,
« mais il a été ardent. L'ennemi,
« quoique vigoureusement soutenu
« par l'artillerie de la place, a été
« obligé de se retirer, en laissant
« un grand nombre de morts et de
« blessés.

« Le but de cette attaque semble
« avoir été de détruire les nouveaux
« travaux élevés ces jours derniers,
« malgré le feu incessant d'artillerie
« et de mousqueterie des Russes.
« Nos batteries sont intactes. Elles
« sont presque entièrement armées
« du gros calibre du *Henri IV* ; les
« marins se promettent de faire ou-
« blier la perte de leur vaisseau. »

« Le mauvais temps exerce la patience sur nos braves soldats. Des
torrents de pluie ont tellement dé-
trempé la terre, que les parties du
camp qui ne sont pas à couvert
sont converties en un immense bour-
bier. Les efforts excessifs que font les
chevaux de trait au milieu de cette
boue, joints aux intempéries de la
saison, en font mourir beaucoup,
notamment dans le camp anglais.

Certaines personnes prétendent que
la qualité des fourrages est pour
quelque chose dans cette mortalité.

« Quant aux hommes, on a pris
toutes les mesures qui peuvent conserver leur bien-être. Outre les mai-
sonnettes en torchis tapissées de
couvertures de laine, on a fait con-
fectionner des tentes spacieuses au
milieu desquelles un poêle est toujours allumé. Des cordes sont ten-
dues à une certaine hauteur pour
sécher les habits. Quand les soldats
rentrent sous la tente, ils quittent
leurs souliers boueux, prennent
de gros bas de laine et mettent
des sabots.

« Si à ces soins hygiéniques vous
ajoutez une nourriture abondante
et saine, des rations de vin, d'eau-
de-vie et de café, vous croirez sans
peine qu'un hivernage en Crimée
ne les épouvante pas. Je me suis
entretenu hier avec quelques soldats blessés à la bataille d'Inkermann ; l'un d'entre eux est un ma-
telot qui, selon son expression, a eu
la cuisse *avariée*.

« Que croyez-vous qu'ils dési-
rent ? Retourner en France pour rétablir leur santé au sein de leurs
familles ? Point du tout. Ils ne parlent que de croix d'honneur, médailles militaires, et le plus ardent
de leurs vœux est de retourner se
faire casser les os au milieu des
obus, des boulets et de la mitraille.

« Nos soldats ne se distinguent
pas seulement par une grande va-

leur, mais encore par beaucoup d'humanité et de générosité. Il y a trois jours, quelques prisonniers russes étaient extraits de l'hôpital pour être conduits sur la frégate qui sert de dépôt. Les passants les regardaient avec autant de curiosité que de compassion ; les chrétiens, bien entendu, car pour les Turcs, ils ne semblaient pas avoir les mêmes sentiments, et l'un d'entre eux s'est fait remarquer par une action aussi grossière que lâche.

« Dès qu'il a vu les malheureux prisonniers, il a pris de la boue à pleines mains et leur en a jeté au visage et sur les vêtements. Deux soldats français se sont soudain emparés de ce misérable et lui ont administré une bonne correction, aux grands applaudissements de la foule. »

Ces nobles sentiments, ce courage, cet héroïsme, le soldat français les puise dans son cœur et dans sa foi de chrétien. Pour preuve, voici des extraits de la lettre d'un aumônier qui vit au milieu de ses chers enfants, qui les connaît, les visite, les console et les aime.....

« Nos soldats ont eu une double épreuve à supporter, depuis l'ouverture de la campagne, et je ne sais, en vérité, laquelle des deux demande une résignation plus magnanime. Il est terrible assurément, pour des fils bien nés, pour des maris, pour des pères, d'affronter la balle ennemie et de s'exposer de sangfroid à livrer tout ce qu'on aime à la douleur et au deuil ; mais le courage est soutenu par l'amour du pays, par l'œil intelligent du chef, par l'espérance de la victoire, et aussi par la douce pensée d'une récompense probable ; tandis qu'en face de la maladie la position est bien autrement cruelle, vous le comprenez. Mourir sans gloire et sur la terre étrangère, c'est bien dur pour une âme ardente et passionnée. Eh bien, considéré à ce point de vue, le début de notre campagne a été admirable. Soldats et officiers ont su pousser jusqu'à l'héroïsme le dévouement au pays. Au lieu de murmurer sous les coups du fléau destructeur, au lieu de demander lâchement à fuir le sol cruel qui leur donnait la mort, ils ont pu aimer aux dépens d'eux-mêmes, et, tombant par milliers, comme le blé mûr sous la faucille, ils ont fait le sacrifice de la gloire et de leurs affections les plus chères, ils sont morts en formant des vœux pour la prospérité de la France !

« Mais enfin l'épreuve a été faite. La vertu ne s'est pas démentie au creuset de la tribulation : pendant ces journées douloureuses, pas une plainte, à ma connaissance, n'est sortie de la bouche de nos soldats. « Ah ! ce qui me désespère, disait un soldat malade, c'est de penser que mes camarades sont au feu et que je ne partage pas leurs dangers. » « Pourquoi pleurer ? disait un officier supérieur à un soldat auquel on venait d'amputer la jambe; vous guérirez; vous irez aux Invalides, ou bien vous aurez une pension du gouvernement jusqu'à la fin de vos jours. — Non, non, mon colonel, ce n'est pas là une consolation, répondit le soldat. L'armée continuera à s'exposer noblement pour la France, et je serai condamné à l'inaction. Voilà mon malheur!» Un jour, après une action qui avait été meurtrière, tous les docteurs étaient occupés à panser des blessures; on avait déposé, un peu plus loin un jeune sergent de chasseur à pied, qu'une balle avait traversé de part en part. Il se sentait mourir: je voulais le consoler. — « Ah! mon père, la mort ne me fait pas de peine, me disait-il; je viens de me réconcilier avec Dieu; je ne crains pas sa justice. Mais, au service, je pouvais, à force de privations, économiser quelques pièces de monnaie pour ma vieille mère, qui est bien pauvre. Quand elle ne m'aura plus, elle sera dans la misère. » — Et une larme tombait de ses yeux, il priait pour sa mère. Je lui fis dire pour elle un *Pater*, et il mourut en prononçant ces mots: « Donnez-nous aujourd'hui notre pain quotidien. » Heureux fils et pauvre mère! « — Vous voulez me couper les jambes, s'écriait un jeune soldat auquel un éclat d'obus avait fracturé les deux cuisses. Eh bien, faites-moi souffrir le double, mais

conservez-moi l'usage de mes membres. Ce n'est pas pour moi, c'est pour ma mère! » — Et en prononçant ces dernières paroles, son ton prit un tel accent de douleur et d'amour filial, que le docteur n'eut pas le courage de faire l'opération. Il en laissa le soin à ses collègues et se retira tout ému dans une tente voisine. — « Il a demandé au nom de sa mère, me disait le médecin; à ce nom, le cœur me manque. » — En vérité, mon Révérend Père, je n'aurais jamais cru qu'il fallût venir en Crimée pour connaître le cœur du soldat français. J'aimais beaucoup la France, et j'aimais aussi beaucoup l'armée, moi Français, fils d'un lieutenant général des armées françaises; cependant, je sens que j'aime encore davantage et mon pays et son armée, par tout ce que je viens de voir. La maladie a été terrible, mais elle a eu son temps; à l'heure qu'il est, elle ne fait plus que de ces ravages très-ordinaires dans tout pays où il y a une nombreuse agglomération d'hommes.

« Si maintenant vous essayez de découvrir le mobile qui entretient le feu sacré dans le cœur de nos militaires, je vous engage à le chercher dans un profond sentiment du devoir, inspiré et soutenu par l'espérance chrétienne. Qu'attendent-ils, en effet, ces soldats qui se dévouent jusqu'à la mort? quelle espérance humaine peut être la leur? « Allons au feu, camarades, disait plaisamment un jeune soldat à ses compagnons qui venaient, comme lui, de recevoir ma bénédiction ; allons au feu ! pour notre récompense, nous aurons ou une balle dans la tête, ou les Invalides avec une jambe de moins et des douleurs de plus. » — En effet, la générosité du gouvernement est grande, je l'affirme, et je suis touché des efforts qu'il fait journellement pour encourager le mérite ; mais un pouvoir humain peut-il atteindre, dans sa générosité, cha-

cun des quatre-vingt mille hommes qui se battent pour lui ? Les faveurs humaines ne se calculent pas par la grandeur du cœur qui veut les donner. Elles sont nécessairement limitées ; et, dans une guerre, elles le sont plus qu'ailleurs, puisque la mort leur soustrait trop souvent le moyen de se répandre. — « Non, mon colonel, on ne va pas là pour de l'argent, » répondait l'autre jour un de nos braves à l'officier généreux qui lui offrait une bourse après une action d'éclat. Il avait raison

et, sans s'en douter, il était l'inter-
prète de l'armée tout entière. Non,
on ne dit pas adieu à son vieux père,
à sa vieille mère, à une femme et à
des enfants, à ses amis, à sa patrie
enfin ; l'on affronte pas les maladies,
la mitraille ennemie pour une
bonne fortune d'un jour. Il faut un
autre espoir ; il faut l'assurance
d'une vie meilleure.

« Les Turcs nous en donnent
journellement la preuve. Traversez
le camp français ; à l'agitation des
soldats qui travaillent, à leurs
chants, à leurs propos joyeux, vous
reconnaîtrez aisément que les tri-
bulations de la vie leur sont peu
de chose et que la certitude d'un
meilleur avenir soutient leur moral ; tandis que tout près de là,
vous reconnaîtrez les ravages de la
doctrine fataliste, qui ronge le
cœur de l'humanité pour former
dans sa poitrine un vide plus
affreux que celui du néant.

— « Etes-vous des nôtres Monsieur l'aumônier ? me disait le lendemain de mon arrivée un capitaine dont j'ignore le nom et qui
passait près de moi sur la route.
Oh ! que la présence du prêtre nous
fait du bien ! Elle nous rappelle, à
elle seule, comme un abrégé, toutes
les vérités consolantes. Oui, on a
dit vrai lorsqu'on a proclamé l'alliance intime de la croix et de
l'épée. Les yeux du soldat ont besoin de rencontrer souvent la croix ;
car la croix, c'est l'espérance !

« Ecoutez ce caporal des zouaves.
Il va joindre son témoignage à
celui de son chef. C'est un jeune
homme à la physionomie ouverte
et enjouée. Il a été blessé à la bataille d'Alma, et il revient de Constantinople, où on l'a envoyé se
guérir. Nous sommes sur le pont
du navire ; beaucoup de camarades
nous entourent ; la conversation
est animée. — « Tout de même,
monsieur l'aumônier, il faut en
convenir, les Russes nous font
rougir ; ils sont plus chrétiens que
nous. Le soir de notre grande bataille, ma blessure ne me faisait
pas assez souffrir pour me retenir
sous ma tente ; je parcourais le
champ de bataille lorsque, parmi
les morts j'aperçois un officier russe
qui respirait encore. En me voyant,
son premier mouvement fut celui
de la frayeur. Il s'imagina que j'allais l'achever, comme un barbare,
et il cacha sa tête sous un cadavre.
Son but, il me l'a raconté depuis,
était de passer pour mort et de chercher à se glisser dans son camp à la
faveur de la nuit. Je m'approche,
je lui serre la main, et, craignant de
n'être pas compris, je lui demande
par signes si je puis lui être utile.
Rassuré par mes démonstrations,
il me parle en français, me demande à boire et m'exprime le désir de voir un médecin pour obtenir
un soulagement à ses cruelles douleurs. Par de bonnes paroles, je lui
relevai le cœur et lui fis comprendre

tout ce qu'il trouverait de générosité et d'empressement parmi les médecins français. Je ne le quittai plus qu'il ne fût bien installé dans l'ambulance et qu'il n'eût ses plaies pansées. Et l'officier reconnaissant me serra les mains lorsque je me retirai pour me faire panser moi-même. Des larmes brillaient dans ses yeux; sa voix avait un accent pénétré; il voulait me donner un souvenir éternel de reconnaissance. Hé bien! le croiriez-vous? après avoir cherché l'objet le plus digne de m'être offert, il détacha de son cou une petite image de la sainte Vierge et de l'enfant Jésus, gravée sur cuivre, et il me la remit, après l'avoir baisée. Oh! oui, les Russes sont plus chrétiens que nous, ils nous font rougir. »

— « C'est vrai, ajouta quelqu'un, je les ai vus blessés à côté de nous à l'ambulance. Ils faisaient le signe de la croix sans rougir; ils priaient ostensiblement; nous n'osons pas toujours en faire autant. » — « Il faut que cela cesse répliqua le zouave, car c'est de la lâcheté. Nous sommes tous chrétiens. Nous croyons à Dieu et à la religion, sans cela nous ne serions pas si braves, car je défie celui qui n'espère pas en Dieu de se battre avec ardeur; il a trop peur de l'enfer. Eh bien! puisque nous croyons tous, nous ne devons pas avoir honte de nos croyances. A l'avenir nous ferons mieux. Vous verrez, monsieur l'abbé, qu'à la fin de la guerre il n'y aura pas tant de respect humain dans l'armée et que nous deviendrons meilleurs. » — Le zouave avait raison. Sous les apparences de l'incrédulité et du libertinage systématiquement affichés, il y a dans le cœur une conviction profonde.

« Un soldat m'accoste au milieu d'un camp: « Vous allez de ce côté-là monsieur l'aumônier; j'y vais aussi. Est-ce que vous me permettez de marcher avec vous? » — « Volontiers, mon enfant, » — « Voyez-vous, monsieur l'abbé, ça me portera bonheur, cette petite course en votre compagnie. C'est comme si j'allais avec le bon Dieu. » — « Vous aimez donc le bon Dieu, enfant? » — « Oh! pour ça, je suis un mauvais sujet. Je ne devrais pas parler de mes sentiments religieux parce que je vis comme un chien (sic). Mais j'ai été élevé chrétiennement, et toutes les fois qu'on me fait penser à la religion, je me condamne moi-même au fond du cœur. Tenez, monsieur l'aumônier, je suis trop méchant pour que le bon Dieu m'exauce. Eh bien! cependant, je ne vais jamais au feu sans dire un *Pater* et un *Souvenez-vous*. Sans doute que le bon Dieu ne m'exaucera pas; je ne le mérite pas; mais je ne peux pas m'ôter de la tête qu'il aura pitié de son mauvais sujet. » Et notre conversation dura ainsi pendant un quart d'heure à peu près. J'ajoutai quelques bonnes réflexions aux saillies originales du brave Roger-Bontemps, et nous nous séparâmes après nous être cordialement serré la main.

« C'est surtout au moment de la mort que la foi paraît dans tout son éclat et s'échappe étincelante de ces poitrines traversées par la balle ennemie. — « Oh ! vous êtes le bon Dieu, criait un petit soldat breton au prêtre qui entrait dans sa tente. Maintenant que je vous ai vu et que vous m'avez béni, je meurs content. En vous voyant, je crois voir mon père, ma mère, mes frères, mes sœurs, toute ma famille, et le bon Dieu aussi. Que me faut-il encore? Oh! rien de plus; je puis mourir. »

« — Comment c'est vous qui m'appelez, s'écriait un prêtre qu'on venait de conduire auprès du lit d'un malade ; vous, l'esprit fort du régiment, le docteur en impiété ! » — « Oui, monsieur l'aumônier, c'est moi. Je veux me confesser très-sérieusement et de tout mon cœur; car, voyez-vous, l'impiété, les airs de protestant et de païen, c'est bon pour vivre, mais c'est le diable pour mourir. » Et le brave garçon fit de son mieux, et il ne rougit pas d'avouer à ses camarades qu'il avait toujours cherché à leur en imposer, en affichant des principes qui n'étaient pas dans son cœur. Après cet aveu, arraché à une foi sincère, il mourut en priant Dieu.

Le jeune comte de*** arrive de France. Dès le jour de son débarquement, il demande à son frère plus âgé que lui : — « Où faut-il que j'aille pour me confesser ? » Son frère lui indique la tente de l'aumônier. Le jeune sous-lieutenant y court. Lorsqu'il a reçu l'absolution, il presse la main de son confesseur, en lui disant : — « Je puis donc être tranquille? — Allez en paix, cher enfant, lui dis-je, allez en paix. — Eh bien! puisque je suis en paix avec Dieu, je puis être brave. » Et quelques jours après, il se faisait tuer intrépidement à son poste, sur le champ d'honneur.

« Un jour, je fus chargé d'aller annoncer à un malheureux soldat, arrêté dans l'acte même de la désertion, que son pourvoi en grâce était rejeté et qu'il fallait se préparer à mourir. — «Ah! je le mérite, s'écriat-il. Je suis un infâme; j'ai commis un crime; je ne suis plus digne de vivre ; je n'oserais pas supporter les regards de mes camarades. Mais j'ai un regret : j'ai encore mon père. Et mon père a été si bon pour moi! Et moi je vais le plonger dans la douleur! » Alors il pleura. Je le consolai; je lui dis que j'écrirais à son père, que je lui dirais que son fils était mort en bon chrétien, qu'il avait pensé à lui en mourant et qu'il lui demandait pardon. Lorsque ce malheureux vit l'espérance d'une consolation pour son père, il cessa de pleurer, me remit son argent pour l'envoyer à sa famille, se confessa avec un calme parfait et ne se démentit plus. » Qu'on me donne la mort, répétait-il ; je le mérite ; ce sera bien fait. J'ai donné l'exemple du crime à mes braves camarades ; je veux leur donner celui du repentir. »

« Voilà, mon Révérend Père, les sentiments qui animent nos jeunes soldats. Maintenant, ne me demandez plus comment ils font pour être braves parmi les braves. Au milieu d'une foule de fautes où les entraînent la faiblesse humaine et le mauvais exemple, ils sont chrétiens, c'est tout dire. Ils sont chrétiens et ils espèrent. »

Nous terminerons encore ce chapitre par un rapport du général Canrobert :

« MONSIEUR LE MARÉCHAL,

« Le mauvais temps a continué avec de rares et courtes intermittences d'amélioration ; nous n'en continuons pas moins et autant que possible à enlacer la place avec nos tranchées ; et tous les travaux du siége se perfectionnent et se consolident, malgré la saison pluvieuse, qui rend les transports très-difficiles.

« Les deux armées s'aident réciproquement. Je dois à l'armée anglaise le transport de presque toute la cavalerie dont je dispose en Crimée, et, de mon côté, j'ai mis à la disposition de lord Raglan mes cacolets pour porter ses malades à Balaklava et des attelages pour le transport de ses munitions. Ces échanges contribuent à entretenir d'excellentes relations et une cordialité parfaite entre les deux armées.

« Il ne se passe guère de nuit sans que plusieurs points du développement de nos attaques reçoivent l'effort d'une sortie, qui coûte généralement cher aux assaillants.

« Hier, à deux heures du matin, les Russes, après avoir fait une sortie sur la troisième parallèle des Anglais, qui les ont vigoureusement repoussés, ont également fait une démonstration sur le centre et la gauche de nos ouvrages. Accueillis par un feu très-vif et bien dirigé, ils se sont retirés devant nos soldats, qui les poursuivaient à la baïonnette. L'ennemi a laissé bon nombre de morts sur le terrain.

« Afin de rendre plus efficace la garde des tranchées ; j'ai créé un corps de volontaires qui ont la mission d'éclairer la nuit les abords de nos travaux. J'attends de bons résultats de cette institution, qui complète celle des francs tireurs organisés dès le commencement du siége et qui fonctionnent pendant le jour dans nos tranchées mêmes. Ils ont déjà fait beaucoup de mal à l'ennemi.

« Ainsi que je vous l'ai annoncé, nos travaux s'étendent actuellement jusqu'au fond de la baie de la Quarantaine. L'ennemi se montre préoccupé des efforts que nous faisons de ce côté, et son artillerie nous dispute vivement le terrain, où nous sommes comme presque partout obligés de creuser dans le roc; mais nos progrès n'en sont pas moins réels, et nous restons occupants.

« Je vous ai informé que l'ennemi avait refusé sa gauche et évacué les parties de la vallée de Balaklava où nous l'apercevions précédemment en grandes masses. J'ai voulu m'assurer de la situation qu'il avait prise dans cette direction, et j'ai poussé avant-hier jusque vers le village de Tchougouna une reconnaissance composée d'une brigade de cavalerie sous les ordres du général d'Allonville. Elle a rencontré en arrière du village de Kamara quelques centaines de tirailleurs, qu'elle a rejetés dans les ravins. Des groupes de cavalerie, accompagnés de leur artillerie, et quelques bataillons d'infanterie, ont paru sur les flancs de la reconnaissance, mais n'ont point cherché à entraver son opération, qui s'est très-heureusement accomplie.

« En même temps un millier de fantassins écossais et zouaves sortaient de Balaklava par la droite de nos positions, et exploraient les hauteurs qui s'étendent vers la vallée de Baïdary. Ils n'y ont rencontré qu'un poste de Cosaques.

« En somme, je pense qu'il n'y a sur la rive gauche de la Tchernaïa que des postes ennemis observant de loin nos positions. Il s'est évidemment produit dans l'armée russe un mouvement dont la cause probable est le débarquement des troupes turques qui se continue à Eupatoria. Je saurai bientôt à quoi m'en tenir à cet égard.

« Bien que le nombre des malades ait un peu augmenté par suite de l'humidité perpétuelle au milieu de laquelle nous vivons, l'état sanitaire est satisfaisant, et le moral de l'armée est parfait.

« Si les troupes ont été fortement incommodées par les pluies, il n'a pas encore fait froid; la neige, qui couvre depuis longtemps la cime des montagnes de l'intérieur, n'a pas paru sur le plateau que nous occupons, et le thermomètre n'est pas descendu une seule fois au dessous de zéro. Ces conditions générales sont rendues meilleures par les soins qu'on prend de nos soldats, et, grâce à la sage prévoyance de l'empereur et de son gouvernement, l'armée jouit d'un bien-être relatif qui lui fait supporter gaiement les fatigues qui lui sont imposées.

« Le chiffre des malades dans nos hôpitaux militaires de Constantinople est de trois mille sept cent quatre vingt-quatorze, dont mille trois cent quatre-vingt-sept blessés. Dans ce nombre figurent deux cent soixante-six Russes. J'ai établi en Crimée, près de la baie de Karatch, un dépôt de convalescents, où se rétabliront les hommes sortant des ambulances de l'armée qui n'ont besoin que d'un peu de repos pour reprendre leur service. Cette mesure diminuera nos évacuations sur Constantinople.

« Le prince Napoléon, encore retenu à Constantinople par la maladie qui l'a forcé de quitter la Cri-

mée, voulait venir nous rejoindre. J'ai dû m'opposer à ce retour, qui compromettait la santé du prince.

« Agréez, etc.

« *Le général en chef*, CANROBERT.

« 26 décembre 1854. »

CHAPITRE IV

L'amiral Bruat.—Reconnaissance.—Canonnade.—Fréquentes sorties.—Kerludo.—Les Lassos.

Tel était l'état de notre armée, au commencement de l'hiver 1855. Le vice-amiral Hamelin ayant été nommé amiral, quitta le commandement de la flotte qui fut confié au vice-amiral Bruat. Voici comment l'amiral Hamelin prit congé de l'armée de mer.

« *Montézuma*, Kamiesch, le 22 décembre 1854.

« MON CHER AMIRAL,

« J'ai l'honneur de vous informer que je remets demain, 23 décembre, le commandement de l'escadre française à M. le vice-amiral Bruat.

« Au moment de me séparer de vous et de l'escadre placée sous vos ordres, je vous prie, si vous n'y voyez pas d'objections, d'exprimer en mon nom à tous vos officiers et marins combien j'ai été heureux du concours constant et de la bonne harmonie avec lesquels nous avons poursuivi toutes nos opérations maritimes et militaires, depuis notre entrée dans la mer Noire. Quoique

loin d'eux, je m'associerai toujours de cœur à leurs succès, et le souvenir du temps que nous avons passé ensemble sera pour moi un des souvenirs les plus doux de ma carrière maritime.

« Pour vous, mon cher amiral, recevez les vœux que je fais pour votre bonheur, et veuillez agréer l'expression de mes sentiments les plus affectueux et les plus dévoués.

« *L'amiral de France commandant en chef l'escadre de la Méditerranée,*

« HAMELIN. »

La valeur et l'audace de l'amiral Bruat sont connues. Aussi cette nomination parut impressionner vivement les Russes; ils se hâtèrent de couler deux vaisseaux de plus dans la passe du port de Sébastopol afin d'en fermer complétement l'entrée.

La flotte ne pouvait donc agir. Pendant ce temps-là, l'armée de terre faisait des reconnaissances et explorait les pays d'alentour.

« Le 1er janvier, dit un officier, nous trouvons devant Sébastopol, comme nous y étions il y a un mois. Nos ouvrages sont assez avancés pour qu'on puisse démasquer toutes les batteries quand on le voudra. Les Anglais se sont à ce qu'il paraît, beaucoup rapprochés de la place, et certains de leurs ouvrages, ne sont plus, dit-on, qu'à 250 mètres. Nous aidons nos alliés autant que possible.

« Hier, nous avons fait une reconnaissance commandée par le général Morris, avec dix bataillons d'infanterie et trois régiments de cavalerie. Nous avons été du côté de la vallée de Baïdac, où sont les magnifiques maisons de campagne des Woronzoff et autres seigneurs russes. Nous sommes partis au jour, et à neuf heures et demie du matin, un peu au-delà de Balaklava, nous avons rencontré quelques centaines de cavaliers russes qu'on a fait charger par les chasseurs d'Afrique, et qui ont été mis en fuite au bout de quelques instants; on en a tué une dizaine et on a fait cinq ou six prisonniers.

« Une batterie russe, qui était placée sur la rive droite de la Tchernaïa, tirait sur nous de très-loin; le général Morris lui fit opposer une des batteries de campagne que nous avions, et éteignit le feu des Russes. Cette batterie, soutenue par l'infanterie et par une seconde batterie placée un peu plus loin, sur un point favorable, fut laissée pour garder l'entrée de la ville, pendant que la cavalerie allait faire la reconnaissance des villages voisins.

« Nous avons été un peu au-delà du village de Vernoutka, à peu près à cinq lieues de Sébastopol, dans un charmant vallon entouré de bois et où nous serions bien heureux d'avoir nos bivouacs. Nous avons fait sauver à peu près trois cents Cosaques, qui ont emmené les habitants dans les bois, si bien que les habitations étaient vides.

« On a tout respecté, à l'exception des huttes de Cosaques, qu'on a brûlées. C'étaient des trous faits en terre et couverts de paille et de branchages. On n'a rien voulu déranger chez les habitants, qui sont, dit-on, nos amis plus que ceux des Russes. Ce sont des Tartares descendant de ceux que commandaient Tamerlan et Gengiskan, mais je ne crois pas qu'ils aient conservé beaucoup de la valeur de leurs ancêtres. Ils sont très-apathiques. Ils ont toute l'apparence de la pauvreté dans un pays riche, et cependant ils ne payent aucun impôt régulier. Seulement, ils sont soumis à une foule de petites vexations qui les rendent plus malheureux et leur coûtent plus cher que de lourds impôts. Ainsi, ils ne peuvent quitter leurs villages sans une autorisation écrite, et on leur fait payer l'écriture un prix fixé par celui qui la délivre, et comme c'est généralement

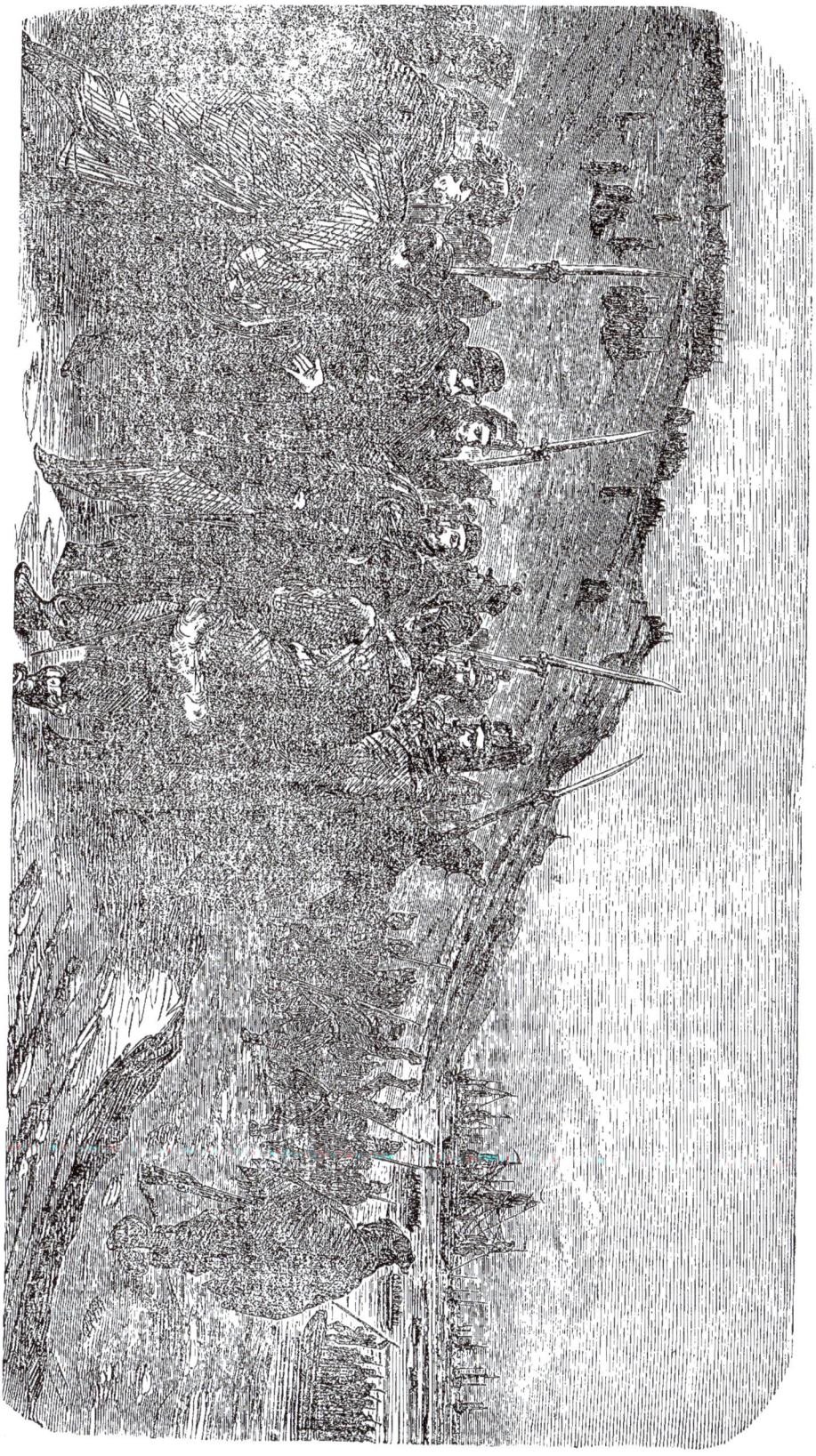

un Cosaque, il est peu modéré dans ses exigences. Si nous avions été à une demi-lieue plus loin, nous aurions vu la riche vallée de Baïdac.

« Nous y aurions trouvé des maisons confortables, et nous aurions pris les bagages qu'on voyait au loin fuyant à notre approche. Malheureusement, il était près de deux heures après-midi, et nous avions à peu près six lieues à faire pour revenir au camp.

« Nous sommes rentrés à six heures du soir, après être restés près de douze heures à cheval. Ça été une belle journée, mais pénible à cause du froid. Nous avons été très-bien conduits, comme cela arrive généralement avec le général Morris. Nous avons vu une partie de la Crimée, réellement belle, et qui présage un superbe séjour.

« Depuis huit jours nous n'avons pas de pluie, mais le froid a augmenté. Nous sommes enchantés de ne plus être dans la boue et de ne plus avoir nos effets mouillés.

« On a pris dernièrement un Russe qui se promenait dans nos ouvrages avec une audace digne d'un meilleur sort. Il avait revêtu l'uniforme d'un capitaine de chasseurs d'Afrique tué à Balaklava. Il arrivait ainsi chez les Anglais, où il se faisait raconter toutes les histoires qui pouvaient l'intéresser.

« Une première fois il réussit, et séduit, sans doute, par la facilité qu'il avait trouvée, il revint le lendemain et fut plus hardi dans ses questions; si bien qu'un colonel anglais, étonné de l'ignorance de ce personnage, peu en rapport avec sa figure intelligente, soupçonna la vérité, et lui dit fort galamment que, s'il était réellement Français, il irait le lendemain lui faire des excuses de l'avoir fait arrêter, mais que, pour le moment, il croyait à propos de faire constater son identité.

« La confrontation prouva que le visiteur était un Russe peu fort, en effet, sur nos positions et la composition de notre armée, mais qui avait au moins le mérite de vouloir s'instruire. »

Le temps commençant à être mauvais, les Français laissèrent dormir leurs canons et ouvrirent seulement le feu d'une batterie de quarante mortiers. L'artillerie de la place y répondit, comme de coutume, par des salves réitérées.

« Elle se livre, dit le correspondant du *Journal du Loiret*, à un feu permanent, incroyable. On fera à coup sûr des statistiques à cet égard; les chiffres seront curieux à lire. Les projectiles qu'elle envoie sont divisés par les soldats en quatre genres différents : les *marmites,* qui comprennent les bombes et les obus, leur cavité leur mérite ce nom ; les *négros* ou boulets, à cause de leur couleur; les *patates,* indiquant les grenades, les biscaïens, la mitraille, qui font en s'éparpillant dans le sol l'effet d'un semis de pommes de terre; en fin il y a les *mouches* ou balles, pour le bruit qu'elles font en passant. »

Les sorties étaient aussi fréquentes, conduites avec moins de mollesse et d'indécision, mais aussi malheureuses que par le passé. Le 5 janvier, quatre cents hommes d'élite, sous le commandement du colonel du régiment de Minsk, tentèrent d'enclouer les canons des batteries françaises, situées vers le ravin qui conduit à la *baie du Sud*. Pendant la nuit, cent cinquante volontaires d'avant-garde, choisis dans les équipages de marine, sous les ordres du lieutenant Zawalichine, arrivèrent sur une partie de la parallèle qui formait un T. Là, ils se trompèrent de route, suivirent à droite au lieu de prendre à gauche, et se jetèrent dans un angle entouré de gardes de tranchée. Le 46ᵉ de ligne, qui était de garde, quoique nouvellement arrivé, laissa approcher l'ennemi et le reçut par une décharge à bout portant. L'arrière-garde russe, composée de soldats d'infanterie, se retira précipitamment sous les murs de la place, et les assiégés, prenant notre feu pour point de mire, et supposant leurs volontaires à gauche, commencèrent à tirer dessus. Dès lors la confusion et la déroute des malheureux matelots russes fut au comble. Ils laissèrent, en fuyant, six hommes tués dans nos tranchées, sept gravement blessés, et une dizaine hors de nos parallèles, sur la place qui sépare la ville de nos travaux.

Une fusillade plus vive qu'à l'ordinaire troubla le silence de la nuit du 7 au 8 janvier. Une colonne d'environ quinze cent Russes attaquait les tranchées ; mais, comme à Inkermann, ils commirent la faute de s'engager par masses dans un espace resserré. Quatre compagnies du 46ᵉ de ligne, de garde à la tranchée, attendirent l'ennemi dans une excellente position, en observant un si profond silence que « nous en tendions battre nos cœurs, » disait le lendemain un des officiers. Tout à coup ils se ruèrent sur les Russes, et ceux-ci ne pouvant se développer, hors d'état de mettre à profit leur supériorité numérique, furent culbutés au premier choc. Suivant une locution militaire, on n'eut qu'à tirer *dans le tas*.

Cette affaire fut l'objet d'un rapport ainsi conçu :

« Devant Sébastopol le 10 janvier.

« Dans la nuit du 7 au 8 de ce mois, nos tranchées ont été assaillies par une forte colonne ennemie.

« Reçue avec la plus grande vigueur par quatre compagnies du 46ᵉ de ligne, de garde dans la tranchée, cette sortie s'est vu charger à la baïonnette jusqu'aux retranchements qui avaient été son point de départ, laissant des morts sur le terrain et des blessés entre nos mains.

« Il résulte de leurs déclarations

β

que depuis deux jours, leur fanatisme était surexcité par la voix de
leurs prêtres, qui leur avaient annoncé que rien ne résisterait à leur
élan, et que les mains des soldats
français, glacées par le froid, ne
leur permettraient pas de se servir
de leurs armes. Le 46° régiment a
donné un éclatant démenti à ces
prédications fanatiques, et je l'en
remercie.

« Au nom de l'Empereur, je confère la décoration de la légion
d'honneur au sous-lieutenant Kerdudo (Pierre-Alexandre), qui, tout
jeune encore, a montré en cette circonstance l'aplomb et l'énergie d'un
vieux soldat, en entraînant ses
voltigeurs.

« Je confère la médaille militaire
au sergent-major Jamin (Jean-
François Joseph) , au sergent-major
Vrignaud (Léon-Louis), au sergent
Diderot (François-Joseph), au ca-
poral Farges (Pierre), au voltigeur
Vignaud (Philippe), au fusilier Gau
(Jean), qui se sont particulièrement
fait remarquer.

« Au grand quartier général.

« *Le général en chef* CANROBERT. »

Kerdudo, qui avait déployé autant de résolution que d'intelligence,
était un jeune homme de dix-neuf
ans, né en Bretagne, orphelin et chef
d'une famille composée de deux
frères et de deux sœurs. Le général
lui remit la décoration, et le retint
à dîner. Ses collègues du 46° orga-
nisèrent en son honneur un ban-
quet, autant que le permettaient les
ressources bornées de la cantine.

Le même jour, une colonne russe
franchit la Tchernaïa et tenta de se
glisser dans la place en passant au
bas des ruines d'Inkermann. L'opération avait chance de réusir si le
temps ne s'était tout à coup éclairci
et n'avait dévoilé aux Anglais le plan
de l'ennemi. Ils descendirent de
leurs hauteurs et prirent en flanc la
tête de la colonne, qui s'empressa
de se retirer en toute hâte par le
chemin qu'elle venait de parcourir.

Le 13, entre une et deux heures
du matin, par une nuit sombre,
froide, et par un vent violent, les
sentinelles avancées françaises furent tout à coup chassées par une
colonne de huit cents à mille Russes.
Grâce à l'obscurité de la nuit et au
bruit du vent, ces sentinelles furent
surprises; on en prit cinq ou six
sans résistance; les autres, séparées
de la garde de tranchée et pour-
suivies par les Russes se réfugièrent
vers la batterie.

Les Russes, croyant qu'ils avaient
mis en fuite la garde de tranchée,
poussèrent leur avantage, et un
grand nombre d'entre eux franchirent le parapet sans qu'on leur op-
posât grande résistance, parce
qu'on crut un moment que c'étaient
les gardes de tranchée qui se re-
tiraient.

Jusque-là on n'avait pas échangé
de coups de fusil, et ce ne fut que

lorsque les Français de la batterie et les Russes se trouvèrent en présence que le combat commença. Les Français tirèrent à six pas, et, avant de savoir quel effet leur feu avait fait sur l'ennemi, fondirent sur lui à la baïonnette.

En une minute, le plomb et le fer eurent mis cent Russes hors de combat. Ensuite on n'eut ni le temps de charger ni celui de faire feu, et on se battit dans l'obscurité à coups de crosse et de baïonnette.

Les Français se battaient un contre trois, de sorte que, malgré la vigueur de l'attaque, les Russes se maintenaient; mais leur résistance fut courte. Les gardes de tranchée, qu'ils avaient laissés derrière eux, accoururent au premier signe du combat qui avait lieu dans la batterie, et franchissant le parapet, ils tombèrent sur les Russes.

Cette charge eut un prompt effet. Placés entre deux feux, les Russes s'enfuirent dans toutes les directions, poursuivis par nos alliés et jetant tout ce qui pouvait les embarrasser.

Malgré tout, il en serait resté fort peu si un régiment n'était venu du fort à leur rencontre. Les Français ne pouvant attaquer un ennemi six fois plus nombreux qu'eux, et sous le feu de ses propres canons, battirent en retraite. On leur lança quelques boulets qu'ils rendirent avec usure aussitôt qu'ils rentrèrent dans leur batterie, en démasquant deux de leurs gros canons, qu'ils

tirèrent à mitraille au milieu de la colonne russe, qui se retira aussitôt.

Toutes les batteries russes vomirent alors la mitraille sur les tranchées françaises et anglaises, et on leur répondit. Bientôt le feu de l'ennemi se ralentit, parce que nos tirailleurs envoyaient six ou huit balles dans leur embrasure dès que la flamme y paraissait.

Les Français eurent 6 prisonniers, 31 tués et blessés. L'ennemi laissa 70 ou 80 tués ou blessés, 37 prisonniers et plus de 300 fusils. Les Russes ne perdirent pas moins de 150 hommes.

Le 15, vers onze heures du soir, les francs-tireurs signalèrent une nouvelle sortie, où l'on vit pour la première fois figurer une bande de chasseurs munis de *lassos*. « Nous étions de tranchée, écrit un des officiers présents à l'affaire, deux compagnies du 20ᵉ léger et deux compagnies du 74ᵉ, sous le commandement du commandant Romijean. Les travaux s'avancent sur ce point si près de ceux des Russes, la distance est si courte, que les Russes arrivèrent en même temps que l'avis et tombèrent sur nous avec un aplomb et un élan admirables (1).

« Les officiers étaient en tête, nous les avons reçus de pied ferme, avec la même politesse, c'est-à-dire à la baïonnette. En un instant les rangs furent confondus, et une mêlée furieuse s'engagea. Mais à pa-

(1) LA BÉDOLLIÈRE. *Nicolas.*

reille lutte, les Russes ne peuvent lutter avec nos hommes : ils furent culbutés, malgré leurs efforts pour se maintenir sur notre ligne et pour pénétrer dans nos batteries. La mêlée se continua pendant cette retraite, qui fait honneur à leurs officiers, dont trois ont été tués au premier rang.

« Vous remarquerez peut-être que ce récit ressemble bien peu à ce que je vous disais antérieurement des sorties des Russes ; c'est qu'ils ont bien changé depuis que nous les resserrons davantage. Je n'ai rien exagéré dans ce court récit, et tenez pour certain que nous avons eu affaire à des adversaires dignes de nous.

« Du reste, nos pertes attestent la gravité de cette affaire. Comme blessés, nous avons quinze hommes, dont le commandant Romijean et deux officiers. Le commandant vit encore, et c'est miracle, car il a toute la partie supérieure du poumon traversée d'un coup de baïonnette. Les Russes ont laissé une trentaine d'hommes dans nos tranchées.

« Les forces des assaillants étaient importantes ; une assez forte colonne était soutenue par un corps de réserve dont j'ai à vous entretenir d'une façon toute particulière.

« Ce corps, composé d'hommes spéciaux, très-agiles, très-adroits, n'était armé que de cordelettes assez fines, mais très-solides, armées d'un nœud coulant. Arrivés à portée des batteries, et pendant l'affaire, ils lançaient d'une grande distance sur nos soldats ce lacet, qu'ils savent manœuvrer avec une grande dextérité. Les blessés eux-mêmes n'étaient pas à l'abri de cette attaque d'un nouveau genre.

« On nous a dit que ce procédé de combat était employé dans le Caucase. Fort bien ; mais, comme nous ne sommes pas les populations semi-sauvages de la Caucasie, nous n'avons pu nous empêcher de flétrir ce mode barbare, indigne d'une armée européenne.

« Tout dans cette sortie a été singulier. Évidemment elle a été organisée par un homme habile et d'une grande audace. Ces lacets, les armes particulières que portaient les officiers, des épées longues, droites, à garde de poignard, les clous et marteaux pour l'enclouage des pièces trouvés dans leurs poches, tout révèle une attaque préparée et conduite par des hommes qui font bon marché de la vie.

« Un de ces officiers, désespéré de ne pouvoir atteindre la crête de l'épaulement, frappait de grands coups d'épée à travers le gabionnage et tâchait de blesser nos soldats. L'un d'eux brisa l'épée d'un coup de bêche ; puis, sautant pardessus le parapet, il tomba sur l'officier, qui se défendait avec le tronçon de son épée, et le tua.

« Nous n'avons plus eu de doute sur la valeur ou le rang du brave officier qui commandait ce coup de main quand nous avons vu le lendemain matin un parlementaire se présenter avec une lettre du général Osten-Saken pour le général Forey. La lettre du général russe exprimait de vifs regrets sur la mort de cet officier *très-distingué*, et priait le commandant du corps de siége de lui remettre les restes de ce malheureux.

« Le général Forey s'est empressé de se rendre à ce désir, et a profité de l'occasion pour remettre aux Russes vingt-six autres corps qui n'étaient pas encore enterrés. Cette étrange livraison s'est faite dans les bâtiments de la Quarantaine entre les mains d'un officier assez original qui parlait bien le français et qui répétait sans cesse : « Quel chien de métier on nous a fait « faire là ! Est-ce que vous n'en fini- « rez pas bientôt de nous prendre? « ça ne doit pas vous amuser plus « que nous, hein ?..... » Quel était le sens de ces questions? Je l'ignore; mais je vous les rapporte textuellement. »

Nous trouvons dans une correspondance de Constantinople publiée par le *Courrier de Lyon*, de curieux détails sur la nouvelle troupe des chasseurs au *lasso*, dont on attribue la création au général Osten-Saken :

« Isolément ou par petits groupes, ces hommes rampent, à l'instar de nos enfants perdus, jusqu'au pied du revers de la tranchée; ils se dressent soudain et lancent avec une dextérité extraordinaire le lacet sur les officiers de préférence, et au besoin sur les soldats, puis, au milieu d'une grêle de balles, courent rapidement vers la ville, entraînent leur malheureuse victime à demi étourdie et si complétement empêtrée qu'elle ne peut faire un mouvement pour se débarrasser ou opposer la moindre résistance. J'ai vu hier au débarquement de malades venant de Crimée un soldat français apportant avec lui un lacet russe dans lequel il a été pris et entraîné l'espace d'une vingtaine de pas. Heureusement il fut délivré par quelques-uns de ses camarades, qui parvinrent même à s'emparer du Russe qui avait lancé le lacet. Cet homme, à peu près ivre, avait un bidon rempli d'eau-de-vie; pendant qu'on le menait au général qui commandait cette nuit-là la tranchée, il paraissait fort gai et offrait à boire aux Français, en répétant le mot *Bono*, qui décidément devient un mot universel : les Français, les Anglais, les Turcs, les Grecs, les Arméniens, et même les Russes et les Tartares l'ont adopté. Le prisonnier, arrivé en présence du général, lui offrit en riant son bidon en répétant *Bono*. Lorsqu'on eut raconté au général que le Russe avait été fait prisonnier au moment même qu'il entraînait un soldat qu'il avait pris dans son lacet, la victime, encore toute étourdie de la chute et

du coup, et soutenue par un camarade, présenta le lacet au général, qui l'examina, le passa autour du cou du prisonnier, et fit
semblant de vouloir l'étrangler, ce
qui parut amuser le pauvre diable,
car il se mit à rire bruyamment,
toujours en répétant *Bono*, et le général de rire aussi. Ce lacet est tout
simplement, une corde mince, mais
très-forte, d'une longueur de quatorze à quinze pieds, et terminée
par une grosse balle de plomb.

« Le coup porté par cette balle
lorsque le lacet enserre l'homme
sur lequel il est lancé est tel, que,
suivant le plus ou moins de sensibilité de la partie du corps qu'il
frappe, il donne la mort ou fait une
blessure grave. Ainsi le soldat qui
m'a montré, lors de son débarquement ici comme malade, le lacet qui
avait été sur le point de l'enlever,
et qu'il a gardé comme un souvenir,
a été si rudement frappé à la poitrine que la bretelle de son sac qui a
paré le coup a été presque coupée. »

CHAPITRE V

Sortie du 20 janvier. — Le camp russe. — Combat du 1ᵉʳ février. — Description du camp.

Dans la même nuit, du 7 au 8 janvier, les Anglais eurent aussi affaire
à l'ennemi. Une colonne russe a
franchi la Tchernaïa et a tenté de se
glisser dans la place en passant au
bas des ruines d'Inkermann. L'opération avait chance de réussir, si le
temps ne s'était tout à coup éclairci
et n'avait dévoilé à nos alliés le plan
de l'ennemi. Les Anglais sont des-
cendus de leurs hauteurs, ont bravement attaqué en flanc la tête de
colonne, qui s'est empressée de se
retirer en toute hâte par le chemin
qu'elle venait de parcourir.

La nuit du 12 au 13 a été signa-
lée par une de ces canonnades
inexplicables dont les Russes sont si
prodigues. Quelquefois, ces rages
d'artillerie peuvent se comprendre,
à la suite d'une sortie, par exemple,
d'une sortie qui a échoué, comme
d'usage, et après laquelle nous pourrions être tentés d'entrer dans la
place avec eux ; mais, vendredi, il
n'y avait rien de pareil, et il a fallu
chercher ailleurs la clef de ce mystère.

Nous avons cherché, mais nous
n'avons pas trouvé. Seulement, le
bruit a couru qu'une partie de la
flotte russe avait essayé de sortir

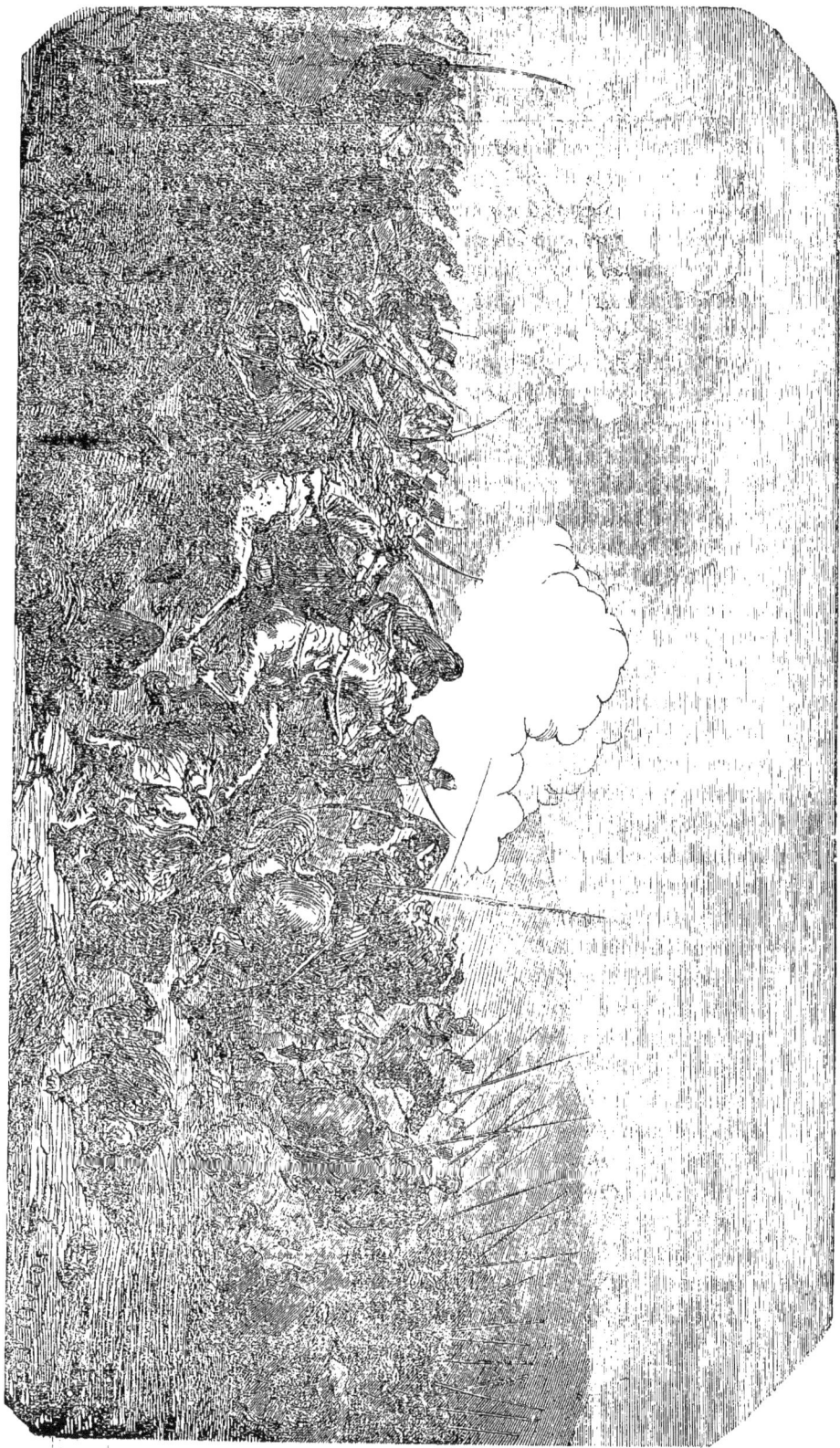

avec des troupes; mais que la vigilance de la frégate de garde ne lui avait pas permis de prendre le large. N'eût-il pas mieux valu les laisser passer? On devait bien cela à la marine, qui fait un rude et courageux métier.

Le 20 janvier, nouvelle sortie des Russes. Voici comment elle est racontée par un officier.

« ... Cette sortie a été fort habilement et fort bravement menée, comme la précédente. Mais l'ennemi a été reçu avec un aplomb remarquable par la légion étrangère, dont deux compagnies gardaient le point attaqué par lui. Des deux compagnies, près de la moitié était occupée aux travaux des tranchées; 110 hommes à peine étaient sous les armes. Leur fermeté permit à leurs camarades d'accourir et d'engager une lutte sérieuse. Les Russes étaient comparativement fort nombreux, 6 à 700 hommes résolus. La mêlée a été très-sérieuse, et l'ennemi ne s'est retiré qu'en combattant.

« Un officier et quelques hommes ont été victimes de leur ardeur. Les Russes ayant fléchi devant eux, ils redoublèrent d'énergie et les mirent en fuite. Ils les poursuivirent, le sous-lieutenant Des Ecots en tête, l'épée dans les reins, sans se compter; ils étaient onze hommes, le sous-lieutenant et dix grenadiers. L'ennemi s'aperçut de leur faiblesse et effectua un retour offensif qui lui permit d'envelopper et de faire prisonniers ceux qui les poursuivaient.

« Les Russes ont eu vingt-deux hommes et deux officiers tués et un officier blessé. Nous avons sept hommes tués et trente-deux blessés..

« Mes correspondances rapportent à ce sujet un détail qui, peut-être, fait confusion avec la lettre relative à la sortie du 15, que je vous ai envoyée par le dernier courrier : il s'agit de la démarche du parlementaire. Cependant, le même fait peut s'être renouvelé, et je vous le raconte comme on me l'a écrit.

« Le lendemain, un parlementaire, qu'une correspondance appelle le comte Levasseur (d'origine française probablement), s'est présenté aux avant-postes pour réclamer le corps d'un des officiers tués, le prince Poïpoff. Il fut impossible de le lui rendre. Tous les cadavres relevés sur le terrain portaient la capote de soldat, et tous avaient été de grand matin livrés à la sépulture.

« Les Russes ne se contentent pas du système barbare du lacet que je vous ai signalé; ils ont imaginé une espièglerie de gamins qui a eu du succès le premier jour. Quelques hommes sortaient des travaux de la place pour attirer les nôtres. Souvent, une escarmouche s'ensuivait; la scène se passait de nuit : nos soldats s'élançaient sur les Russes, qui avaient préparé en travers du chemin une corde tendue. Les soldats tombés sur cet obstacle, les Russes revenaient sur leurs pas et faisaient des prisonniers sans coup férir. Aujourd'hui, personne ne s'y laisse plus prendre, mais ce stratagème a réussi dans la même nuit sur deux points différents.

« L'affaire du 20 a été l'objet d'un ordre du jour que le généralanroC-bert a publié au camp. La belle conduite du 2ᵉ régiment de la légion étrangère a été appréciée comme elle méritait de l'être. L'ordre signale surtout la 1ʳᵉ compagnie, les voltigeurs et la 5ᵉ compagnie, 2ᵉ bataillon. Le 2ᵉ bataillon du 46ᵉ, qui a pris part aussi à cette affaire brillante, a eu sa part d'éloges et de récompenses. Le 2ᵉ bataillon de la légion étrangère était commandé par le chef de bataillon Lhériller; celui du 46ᵉ par le capitaine Thomas. Le capitaine Thomas est nommé chef de bataillon au 74ᵉ. »

Voici l'ordre du jour du général Canrobert, publié à l'occasion de cette sortie :

ORDRE GÉNÉRAL.

Dans la nuit du 19 au 20, l'ennemi a assailli nos parallèles sur deux points différents.

A la gauche, l'effort a été reçu par le 2ᵉ bataillon du 2ᵉ régiment de la légion étrangère, vigoureusement commandé par le chef de bataillon Lhériller.

L'impétuosité de l'attaque, favorisée pa le mauvais temps, est venue se briser contre l'énergie qu'ont déployée les grenadiers, la 1ʳᵉ compagnie, les voltigeurs et la 5ᵉ compagnie.

Les capitaines Arnoux et Rousseau, les lieutenants Chave et Saussier, le sergent Devals, les grenadiers Hogelucht et Seigmund, le voltigeur Rischard, le fusilier Deglin, se sont très-vaillamment conduits, et le drapeau du 2ᵉ régiment de la légion étrangère a figuré avec honneur dans ce combat vif et brillant.

A la droite, c'est encore le 46ᵉ que je retrouve faisant face à l'ennemi avec son énergie accoutumée. A la voix de son commandant, le capitaine Thomas, le 2ᵉ bataillon du 46ᵉ s'est jeté impétueusement sur les assaillants et les a refoulés au loin.

Une petite lutte souterraine eut lieu le 30 janvier. En creusant un puits d'absorption pour les eaux qui encombrent les tranchées on avait découvert une couche d'argile glaiseuse entre deux bancs de roche, et le génie avait pensé qu'il pourrait profiter de cette circonstance pour pousser ses travaux en avant à couvert, sauf à établir un fourneau et à faire sauter une portion de terrain, lorsque l'on serait arrivé sous un point convenable pour dresser une batterie.

Deux mineurs du génie français creusèrent un boyau; mais, le 30 janvier, l'ennemi découvrit ce travail, et pratiqua une contre-mine dans l'intention de leur *donner le camouflet,* c'est-à-dire de diriger contre eux une explosion de nature à les asphyxier ou à les engloutir. Quand il se crut à portée, il fit jouer le taraud dans le sens où il entendait le bruit, chargea son fourneau et y mit le feu. Au bruit de l'explosion trois mineurs français accoururent. Mais comme ils ne revenaient pas, un jeune officier du génie, M. Mangin, se traîna dans le boyau et arriva aux mineurs qui y étaient entrés les derniers. Ils avaient perdu connaissance, asphyxiés par la fumée. Il parvint après de pénibles efforts à les ramener à l'air, et de prompts secours leur rendirent la vie.

Les deux premiers mineurs étaient morts.

Une sortie de quinze cents hommes fut dirigée le 1er février, après minuit, contre la troisième parallèle française, où l'on achevait l'établissement d'une place d'armes. Un bruit sourd trahit l'approche des Russes. Deux compagnies du 18e de ligne franchirent les parapets et tombèrent à la baïonnette sur le détachement que commandait le lieutenant de vaisseau Bimleff. Les Russes battirent en retraite, mais en se défendant jusque sur les travaux; et il fallut tout l'élan de l'infanterie française pour les forcer à rentrer dans leurs lignes. Les détails de cette chaude affaire sont consignés dans l'ordre général ci-dessous :

« J'ai encore des félicitations à adresser au corps de siége, dont plusieurs détachements ont montré la plus remarquable énergie en re-poussant et rejetant dans la place une colonne russe considérable, qui est venue attaquer dans la nuit du 31 janvier au 1er février la droite de nos travaux.

« Le principal effort de l'ennemi a été soutenu par la compagnie d'éclaireurs volontaires d'élite du 7e de ligne (voltigeurs du 1er bataillon), les 2e et 3e compagnies du 1er bataillon du 42, les détachements de travailleurs des 21e, 39e, 74e de ligne, 9e bataillon de chasseurs à pied, et par un détachement du génie (4e compagnie, 2e bataillon, 3e régiment).

« Deux charges à la baïonnette ont été faites successivement par le 42e, que je félicite tout particulièrement de la vigueur qu'il a déployée dans l'action, et que se plaisent à signaler le colonel Sencier, commandant les attaques de droite, et le géréral de Failly, de tranchée. Au milieu d'eux se faisaient distinguer le chef de bataillon du génie Sarlat, intrépide soldat autant qu'ingénieur distingué, dont nous avons à déplorer la perte, et auquel je donnerai de légitimes regrets; le capitaine du génie Fourcade, grièvement blessé; le capitaine du 42e, Remy, mort de ses blessures; le lieutenant Wagner, du même régiment; le capitaine Rousseau, de la 2e compagnie d'éclaireurs volontaires d'élite; le lieutenant Wuillemot, de la même compagnie. »

Nous ignorons le chiffre exact de

la perte des Français. Une méprise dont le rapport ne fait pas mention, et dont on a d'ailleurs exagéré l'importance, faillit augmenter le nombre des morts et des blessés. Suivant la *Presse d'Orient*, « les renforts, parmi lesquels une compagnie du 42ᵉ, envoyés pour soutenir les troupes engagées, entendant des soldats, qui s'avançaient vers eux dans l'obscurité, et ne s'imaginant pas que les nôtres se fussent avancés si loin, ouvrirent le feu contre leurs camarades. Heureusement ceux-ci se firent promptement reconnaître. »

Le correspondant de la *Presse* de Paris raconte ainsi ce triste incident : « Nos troupes parvinrent tout près des contre-forts d'un bastion où les Russes se renfermèrent. Immédiatement, un feu très-énergique partit de la place et ne permit pas aux deux compagnies de rester plus longtemps à une aussi grande distance du camp ; elles regagnèrent nos tranchées en franchissant les lignes de l'artillerie ennemie.

« Les deux compagnies s'avançaient dans l'obscurité, rapportant quelques blessés, quand plusieurs balles parties des retranchements français viennent frapper plusieurs d'entre eux. Par une méprise affreuse, les compagnies envoyées en renfort pour appuyer celles du 18ᵉ et du 42ᵉ ignoraient la direction qu'elles avaient prise et ne se doutaient pas que leurs camarades se fussent avancés si audacieusement jusqu'aux travaux de l'ennemi ; parmi ces renforts se trouvait une compagnie du 42ᵉ : c'est affreux à penser.

« Ceux-ci, entendant le bruit de pas venant de la place, crurent avoir affaire avec les Russes et accueillirent les arrivants par un feu de mousqueterie très-violent. Bientôt les cris de leurs malheureux frères d'armes leur firent comprendre l'erreur ; mais plusieurs d'entre eux étaient tombés sous des balles françaises. Les deux corps se sont rejoints ; il y a eu là des scènes déchirantes. »

M. Sarlat venait d'être promu au grade de chef de bataillon. Ses obsèques furent célébrées le 3 février devant une nombreuse affluence d'officiers de toutes armes. (1)

Voici la description que fait un officier de la vie du camp.

« Au moment de notre arrivée en Crimée, la partie que nous occupons actuellement était comme un charmant Eden ; des paysages accidentés où jouaient la verdure et la lumière ; peu de champs cultivés, mais à chaque pas de gracieuses maisons enfouies comme des nids d'oiseau dans d'épais fourrés où tout était ombre et mystère ; les eaux vives qui gazouillaient gaiement entre leurs vertes rives, et, pour réunir tous ces détails entre eux, d'immenses vignes avec leurs gros raisins et semées d'arbres chargés de fruits! Hélas ! la guerre a bien changé ce paradis! Aujourd'hui les maisons sont rasées, les arbres abattus, les vignes arrachées; la verdure est partie avec les beaux jours; les ruisseaux, piétinés par les chevaux, coulent sans transparence entre des bords dévastés, et les collines verdoyantes sont devenues de laids rochers pelés. Bref, nous sommes dans un désert recouvert seulement de deux ou trois pieds de macadam! *Sic transit...* Et ne croyez pas que j'aie rien exagéré pour le plaisir d'un constraste; tout était aussi gracieux que je vous le peins, et tout est devenu aussi laid. La dure nécessité présidait à cette destruction.

« Nous vivons dans un immense triangle ayant pour base une route que nous avons faite et qui ira de Kamiesch à Balaklava en passant par les deux grands quartiers généraux; il a pour sommet Sébastopol et Inkermann. L'armée de siége est campée sur plusieurs lignes parallèles à la route, l'armée d'occupation s'étend sur le côté qui va de Balaklava à Inkermann. Le troisième côté, c'est la mer.

A deux kilomètres environ avant d'arriver à Sébastopol, les camps cessent. Le plus avancé est celui des volontaires; il se trouve entre le clocheton du quartier général de la tranchée et l'ambulance de la tranchée, au penchant d'un petit ravin qui termine une plaine assez étendue sur laquelle commencent nos attaques.

« Pour visiter nos travaux, il y a des périls. Le feu de la place est dirigé constamment sur nos batteries, et, quand on y passe, il faut avoir l'œil vif. Mais avec de l'adresse on s'en tire; le danger le plus sérieux est de s'égarer. Les boyaux, les tranchées, les places d'armes, tout cela s'enchevêtre singulièrement. Jetez un écheveau de fil très-embrouillé sur une feuille de papier, et vous en aurez une idée très-exacte.

« Le matin, au petit jour, qu'il vente ou qu'il neige, la diane éveille les soldats aux sons de la musique militaire. Les artistes transis massacrent lestement les plus joyeux airs d'opéra, et, en attendant l'appel du matin, tous vont prendre le café réglementaire, café que connaissait sans doute madame de Sévigné quand elle annonçait sa décadence prochaine. Au reste, même pour celui-là, elle s'est trompée, car les hommes le tiennent en fort grande estime. Après cet appel, commencent des corvées du matin aussi nombreuses que variées, et les bataillons de garde de tranchée mangent la soupe et partent pour leurs postes. Vers dix heures, tout le monde est de nouveau réuni au camp : c'est l'heure de la soupe, une pâtée de riz graissée avec un morceau de lard. Parfois on y ajoute d'autres légumes ou des oignons. Puis vient le second appel, en armes, où les officiers passent un semblant de revue à des effets qui ont subi un semblant de nettoyage. Sauf les armes, qui sont soignées religieusement et avec amour, la tenue, vous le concevez, n'est pas brillante. Ensuite recommencent les corvées comme le matin. A quatre heures, nouvel appel et nouvelle soupe identique à la première. Enfin, après cette soupe, les hommes sont libres, s'ils ne sont ni de garde ni de travail, c'est-à-dire à peu près un jour sur deux. Ils prennent alors un second café et se couchent en attendant l'appel de sept heures du soir, après lequel ils s'endorment de ce sommeil de laboureur, vanté par les poëtes.

« La vie des officiers, tout en côtoyant de très-près celle des soldats sous leurs ordres, se rapproche pourtant assez de la vie commune. La toilette seulement est inverse de celle de France; comme on se couche à peu près habillé, au réveil on se déshabille. Presque personne ne se rase, et les barbes en pleine floraison changent singulièrement les physionomies. Dois-je vous dire que je conserve les antiques usages? Trois fois par semaine je me fais raser avec tous les soins et les raffinements que je mettais au beau temps des brillantes soirées d'Orléans. On me raille bien un peu, on me demande pour qui ces frais, hélas !... mais je laisse dire, je trouve que c'est une heure de civilisation de plus.

« Notre table n'est pas très-recherchée; le fonds en est aussi le riz et le lard; on y ajoute un peu de variété par des légumes, et à la moindre occasion par des conserves anglaises aussi bonnes que chères; elles sont très-bonnes. Le luxe n'est pas dans le service, le fer battu brille sur toutes les tables. Le général en chef y substitue la vaisselle plate, et dans la première division quelques débris de la porcelaine Woronzoff trouvées à Belbeck. Le seul luxe est dans les vins très-variés, et possédant les deux qualités des conserves : *Bon et cher*.

« Dans l'après-midi, quand on est libre, on se visite dans le camp ou d'un camp à l'autre, surtout au siége, où les régiments sont très-rapprochés. On colporte les nouvelles du jour, les aventures de la nuit, les anecdotes plaisantes ou sérieuses, tous les petits cancans qui naissent ici comme partout, ou bien on monte quelques heures à cheval, ou encore, comme je fais en ce moment, on écrit. (Il fait cependant bien beau par hasard.) L'heure du dîner arrive tout doucement, et la journée s'achève en petites réunions, où la partie de whist alterne avec les discussions les plus transcendantes sur la guerre ou la conduite de l'Allemagne. Dieu me pardonne, c'est une vie charmante, et je ne me croyais pas si heureux!

« Faut-il vous donner le revers de la médaille, vous décrire le départ pour la tranchée **par une nuit** noire comme de l'encre, le voyage dans les boyaux, où l'on s'enfonce jusqu'aux genoux dans une boue pétrie par un million de pieds par jour, l'arrivée aux embuscades, et l'installation à découvert, au hasard des coups de fusil russes qui piquent la nuit d'étoiles, ou du ronflement des éclats de bombes lancées par série, une seule étant d'un effet nul, et pour brocher sur le tout, la pluie et la neige alternant comme les vers des idylles? Bah! ce sombre tableau a été essayé assez souvent, je préfère m'en tenir au premier.

« Vous avez souvent parlé, dans le *Journal du Loiret*, des chats des zouaves : ces chats ne sont pas tout à fait aussi nombreux que vous semblez le croire. Quant à moi, ce que j'ai surtout remarqué, c'est un singe au 1er zouaves, et qui a bien son originalité. Son maître fut tué à Alma, et il le pleura longtemps; mais la douleur s'efface, même dans le monde des singes; aujourd'hui il suit partout en serre-file la compagnie qui le soigna dans sa douleur, *non passibus œquis* quelquefois; mais alors il a bientôt fait de grimper sur un sac.

« Le courrier qui a suivi celui de votre lettre m'a apporté vos *Revues de Paris*. Elles seront mes *étrennes à l'armée d'Orient*, et je les garde. Rien ne pouvait me faire plus de plaisir : c'était ma lecture favorite dans un temps où je ne lisais pas pour moi seul; je me rappelle même avoir vu à cette époque des *lettres sur le Nil*, j'avoue que je passais en feuilletant rapidement. Je vais réparer mon tort.

« Je vous écris ces dernières lignes le soir, il est près de minuit; c'est scandaleusement tard au camp. J'entends le feu de la tour Malakoff, qui se défend de son mieux; *mal à prendre!* disent les troupiers, et cependant elle va être prise.

« Le 27e fait toujours partie du corps d'armée commandé par le général Bosquet, qui a mission de garder les lignes contre les efforts extérieurs des Russes. Je crois qu'il y aura bientôt un grand coup de collier à donner de ce côté.

« Bonsoir, mon cher monsieur. Je vous serre la main bien cordialement à vous et à tous mes amis à Orléans... »

CHAPITRE VI

Rigueurs de l'hiver. — Souffrances de l'armée. — Sa résignation et son courage chrétien.

On dit que le prince Mentschikoff en parlant des alliés prononça ces paroles : « Décembre, janvier et février sont trois grands généraux. Si les français leur résistent, ils sont capables de résister à tout. » L'hiver en effet fut affreux... Mais le courage du soldat triompha des rigueurs de ce climat meurtrier.

« Je vous écris, dit un officier,

sous une température de Sibérie, soufflant dans mes doigts, courant toutes les cinq minutes hors de ma tente pour réchauffer au feu de ma cuisine mes pauvres doigts engourdis. Et pourtant j'ai tort de me plaindre, car, depuis le 17, le vent a changé, le soleil a reparu, et les neiges fondent sous ses chauds rayons. Quoi qu'il en soit, nous avons froid.

4

« Savez-vous que, sur le plateau de Chersonèse, le thermomètre a atteint 10 degrés au-dessous de zéro, avec accompagnement d'un vent sec, violent, qui roulait des amas de neige énormes. J'ai eu tout autour de ma tente 97 centimètres de neige ; il ne m'en reste aujourd'hui que 48. Les Tatars nous font espérer que le temps de nos misères est passé. Dieu le veuille !

« La vie est toujours aussi monotone : nuit aux tranchées, sorties de l'ennemi. Rien de plus, rien de moins. Le 15, le 74ᵉ et le 20ᵉ léger ont eu une sérieuse affaire. Le chef de bataillon qui commandait a été gravement blessé, ainsi que deux autres officiers. Cependant les Russes ont été complètement repoussés. Ils ont perdu, dit-on, un officier supérieur dont ils sont venus demander le corps. »

« De notre côté, rien de nouveau, écrit un officier de la flotte. Nous sommes peut-être, nous autres marins, plus à plaindre que les autres. Notre élément nous manque ; le vent, la vague nous font défaut. Si, au moins, nos canons pouvaient parler ! Pour nous distraire, on nous a donné de nouveaux travaux à exécuter. Les Anglais, qui sont horriblement décimés, ne peuvent plus défendre leurs ouvrages ; ils n'ont pas même pu achever la construction des batteries de la droite de leur attaque. On nous a confié le soin d'occuper ces positions, de les fortifier, de les armer et de les défendre.

« Nous allons établir sur ce point une batterie de 26 pièces dont une dizaine de pièces de marine. Les terrassements marchent assez rapidement ; nos épaulements nous ont coûté beaucoup de peine, à cause des gelées et des dégels ; les dégels détruisent nos ouvrages. Chaque matin, on se met bravement à la besogne, malgré la neige, qu'il faut d'abord attaquer et enlever avant de commencer à travailler efficacement. »

L'hiver, au dire des vieillards de Crimée, se présentait dans des conditions extraordinaires. La neige tomba avec abondance pendant presque tout le mois de janvier 1855, et s'amoncela sur le sol à une profondeur de deux ou trois pieds. Malgré l'envoi de baraques prêtes à être ajustées, de grosses bottes, de guêtres montantes, de gants de laine, de capotes à capuchon, les soldats souffrirent cruellement ; le bois manqua, les congélations partielles devinrent fréquentes ; le nombre des malades s'accrut. Les correspondances françaises et anglaises retracent simultanément ce déplorable état de choses.

Le correspondant du *Morning-Herald* lui écrit le 5 janvier :

« Toute la nuit dernière le froid a été intense ; le thermomètre s'est tenu à 14 degrés au dessous de zéro. Le vent nord-est, qui soufflait avec force à travers le camp, nous glaçait jusqu'aux os, et chassait dans toutes les directions une neige fine et pénétrante. Il est presque impossible de se figurer une scène plus triste. Le sol, durci par la gelée, est coupé de nombreuses fondrières, qui, recouvertes par la neige, deviennent comme autant de piéges où l'on tombe à chaque pas. Marcher au milieu des tourbillons de neige qui nous aveuglent est difficile et dangereux ; mais rester dans sa tente, c'est chose impossible, et il n'y faut même pas penser. Le froid ne s'était pas encore fait sentir à ce point, et nous n'avions pas eu à en souffrir autant ; mais s'il est permis d'en juger aux apparences, il y a tout lieu de craindre que nous n'ayions à passer plus d'une nuit pareille. »

Là journée du 6 ne fut guère meilleure. Nous lisons dans la correspondance du *Morning-Post* à cette date :

« Je n'ai jamais éprouvé un froid aussi vif que celui auquel j'ai été exposé sur ces hauteurs cet après-midi. Il semblait que le vent nous coupât en deux ; ma barbe et mes moustaches se transformaient en glaçons, et je sentais le froid me pénétrer jusque dans l'estomac. Je n'ai jamais eu autant de plaisir à entrer dans une maison qu'à me blottir dans l'espèce de cave creusée à l'intérieur de ma tente et où j'ai essayé de me réchauffer au feu de racines que mon domestique commence à avoir quelque peine à ali-

menter, car la terre gelée et couverte de neige est difficile à fouiller. »

« Nous sommes depuis trois jours ensevelis sous la neige avec dix degrés et demi de froid, dit une lettre écrite par un Français le 8 janvier. Cette rude température agit principalement sur les jeunes soldats récemment arrivés. Les dragons et les hussards, comme toute la cavalerie de France, souffrent beaucoup ici. Cette nuit, les dragons seuls ont perdu vingt-huit chevaux ; les chasseurs d'Afrique, au contraire, en ont à peine perdu autant depuis qu'ils sont en Crimée. »

« Le train des équipages n'a pas cessé de rendre d'énormes services ; grâce à lui, les troupes ont toujours été dans l'abondance, ainsi que les chevaux. On peut dire avec vérité que les distributions ont été faites aux hommes et aux chevaux avec autant de régularité qu'à l'Ecole militaire à Paris ; mais les chevaux et les mulets de trait sont sur les dents. Ceux des cacolets se maintiennent en bon état, parce qu'ils sont moins surchargés de travail ; il nous faudra néanmoins de grands renforts de France en chevaux, mulets et voitures, surtout si les armées combinées entreprennent quelque chose de sérieux en rase campagne. »

« C'est en vain, mande un autre Français au *Courrier de Marseille*, le 13 janvier, que j'ai essayé de vous écrire pendant ces deux derniers jours. Le temps était si froid que je n'osais faire un seul mouvement dans mon manteau de peau de mouton, ni remuer mes jambes dans leurs épais fourreaux. Je tâche aujourd'hui de vous tracer quelques lignes, que vous lirez sans doute au coin d'un bon feu et dans un appartement bien clos. Vous ne sauriez imaginer l'étendue de nos souffrances. Figurez-vous une tempête de neige durant quarante-huit heures et amoncelant sur nos tentes et nos huttes une couche glacée de plusieurs pieds. Puis, sans transition, arrive tout à coup une pluie battante qui entraîne et fond la neige, laissant dans nos précaires abris une boue liquide dont nous n'avons aucun moyen de nous garantir.

« Malgré tout, le moral de nos soldats est encore au-dessus de ces misères, et à tout prendre l'état sanitaire n'est pas mauvais en proportion des intempéries qu'ils endurent. L'armée est pleine d'ardeur et de courage ; elle aura tout oublié à l'heure de l'assaut, et l'espoir de trouver de meilleurs cantonnements dans Sébastopol n'entre pas pour peu de chose dans son impatience. Malheureusement les Anglais ne sont pas dans d'aussi bonnes conditions. Leurs souffrances sont bien plus grandes que les nôtres ; ils perdent depuis quelques jours des hommes asphyxiés par la vapeur du charbon de bois qu'ils brûlent dans leurs huttes sans avoir le

soin de s'aérer convenablement ; d'autres sont trouvés morts de froid dans les tranchées. Sur d'autres points des régiments entiers manquent absolument de bois pour faire cuire leurs aliments, qu'ils sont souvent contraints de manger crus. C'est de là surtout que provient la débilitation qui atteint en si grand nombre les soldats anglais. »

A la même date, un officier de Lille, attaché au corps d'armée du général Bosquet, mande à son frère :

« Je t'écris, mon bon Alfred, environné de tous côtés par la neige. Ce matin, pour me rendre au rapport du général Bosquet, j'entrais dans la neige jusqu'aux genoux. Pour compléter ce petit agrément, un vent du nord soufflait violemment, de sorte que l'on était gelé ; du reste, le thermomètre était descendu à neuf degrés au-dessous de zéro. Juge d'après cela, mon cher ami, la position dans laquelle on doit se trouver lorsque votre maison ne se compose que d'une toile. Heureusement, malgré toutes ces misères, je vais bien actuellement, je puis même dire très-bien, car je cours toute la journée, mange, bois et dors bien. Que peut-on désirer de plus ? Il n'en est malheureusement pas de même pour les pauvres jeunes soldats qui ont été envoyés il y a quelques mois dans les régiments en Crimée ; ils ne savent pas se retourner ; ils restent par ce froid, cette neige, dans l'inaction et sans mouvement, et au bout de quelques jours ils ont les pieds gelés. Ainsi dans une journée, c'était le 8 de ce mois, j'avais été appelé à l'ambulance pour construire une baraque provisoire, parce qu'ils n'avaient plus de place pour leurs malades; à peine une travée était-elle ouverte qu'immédiatement on la remplissait de malades. J'en ai vu arriver ainsi soixante-trois; sur ce nombre, trente-cinq avaient les pieds gelés, nécessitant une amputation soit d'un ou plusieurs doigts, soit du pied entier : c'était navrant à voir. »

« Nous avons du dégel, mande le correspondant de *la Presse*, depuis le matin du 18 janvier, mais pas encore assez complet pour nous débarrasser de l'immense quantité de neige que nous avons eue et qui, chassée par un vent très-violent, s'est accumulée en beaucoup d'endroits de manière à faire des passages dangereux. Probablement le dégel mettra à nu quelques victimes surprises par le froid et qui ont jusqu'à présent été introuvables. Dans l'armée française les cas sont rares, parce que nos soldats savent s'obliger réciproquement; mais il n'en sera pas de même des Anglais, dont l'insouciance va souvent jusqu'au point de négliger les plus simples précautions qui pourraient sauver un camarade.

« Nous avons définitivement pris toutes les positions des Anglais du côté d'Inkermann. La question d'assaut n'est pas en ce moment mise sur le tapis. On ne s'occupe que du mauvais temps. Cependant il serait possible qu'on tentât quelque chose de décisif quand les neiges auront complétement disparu. Avec les vents que nous avons, les arrivages sont difficiles; et comme les transports de la plage aux différents camps ne se font qu'à dos d'homme, l'armée n'est plus aussi abondamment pourvue que par le passé. Mais les difficultés étant patentes, on n'accuse personne et on conserve sa bonne humeur.

« Nous avons eu souvent des hommes qui ont eu les pieds gelés, et dans certains cas l'amputation sera indispensable; ç'a été là, dans ces derniers temps, la grande maladie de l'armée, et ce sont souvent les engelures qui amènent ce résultat, parce qu'elles empêchent les hommes de mettre leurs bottes, et les forcent de faire à cheval de longues routes qu'ils devraient faire à pied pour se réchauffer. »

Le même correspondant dit dans une lettre particulière : « Le temps nous est favorable. Nous avons bien de la pluie de temps à autre, du froid après une journée de soleil; mais franchement, après ce que nous avons traversé, nous n'avons pas le droit de nous plaindre. Songez que nous sommes restés, il n'y a pas bien longtemps, quatre jours sans feu, sans soupe par conséquent :

quatre journées de pluie glacée, de vent et de bise, quatre longues journées, je vous jure ! »

Un jeune officier envoie à sa famille les renseignements que l'on va lire sur la nature et le prix des vivres qu'on peut se procurer au camp :

« Les vivres ne manquent pas : un jour sur cinq nous recevons une ration de viande fraîche, qui nous empêche de nous dégoûter du lard salé, qu'on nous distribue fréquemment ; chaque jour nous avons une ration de riz, de sucre et de café, et enfin du biscuit, car le pain devient quelque chose d'extrêmement rare. Quelques corps en ont reçu une ration ; le bataillon n'a pas encore eu cette chance, et depuis le 5 décembre je n'en ai pas mangé. Quelques marchands ont suivi le corps expéditionnaire ; mais tu ne peux te faire une idée des prix fabuleux auxquels ils vendent leurs denrées : un pain de deux livres (et on n'en trouve pas comme on veut), 3 fr. 50 c. ou 4 fr. ; le fromage, de 6 à 7 fr. la livre ; une paire de chaussettes de coton, 7 ou 8 fr. ; une bougie, 2 fr. 50 ; le papier, 20 c. la feuille. »

Une lettre insérée dans le *Courrier de Lyon* peut être considérée comme le résumé des documents que nous venons de réunir.

« Constantinople, le 22 janvier.

« Je puis vous donner des détails positifs sur l'état des armées alliées en Crimée. Leur nombre total, y compris les marins débarqués, s'élève actuellement à peine à 150,000 hommes, dont 135,000 devant Sébastopol, et 12 à 15,000 à Eupatoria. Après les nombreux renforts venus de France, d'Algérie, d'Angleterre, de Gibraltar, de Malte, de Tunis, d'Egypte et de Turquie, cela paraîtrait inexplicable si l'on ne prenait en compte le chiffre malheureusement considérable des morts, et celui des évacuations continuelles de malades non-seulement sur les hôpitaux de Constantinople et de Scutari, mais directement sur France, Malte et l'Angleterre.

« Les 135,000 hommes du camp devant Sébastopol se répartissent ainsi :

Anglais.	27.000
Français.	80,000
Marins débarqués appartenant aux flottes.	6,000
Turcs, Egyptiens, Tunisiens, environ.	22,000
Ensemble	135,000

« Mais l'effectif des hommes valides est bien loin d'atteindre ce chiffre. Les rigueurs exceptionnelles de la saison, les fatigues inouïes de la tranchée et de grandes privations ont engendré de cruelles maladies qui éclaircissent rapidement les rangs.

« Les Anglais souffrent surtout énormément. Ce que toutes les correspondances des journaux de Londres disent de l'état déplorable où sont réduits nos pauvres alliés n'a rien d'exagéré ; le tableau désolant que traçait dernièrement le *Times* de leurs misères n'est que trop vrai.

« Je vous parlais, sans y ajouter foi, d'un bruit qui portait à *neuf mille* le nombre des malades dans le camp anglais. Eh bien, il est maintenant positif qu'au 18 janvier, sur les 27,000 hommes de troupes britanniques devant Sébastopol, il n'y en avait pas 13,000 en état de faire le service des tranchées. C'est ce qui explique pourquoi les Français ont été obligés de prendre la garde et de continuer la construction de la plus grande partie des travaux de siége occupés et commencés par les Anglais.

« Quant à leur cavalerie, elle n'existe plus, et leurs chevaux de trait et de bât ont presque tous péri. Il ne leur en reste pas *cinquante* pour traîner toute leur artillerie et transporter les vivres de Balaklava aux diverses parties de leur vaste camp. Ils sont forcés de venir se grouper autour de leur place de débarquement sous peine de mourir de faim, et cependant nos troupes leur ont fait une route de près d'une lieue à travers leur camp, et nous leur prêtons chaque jour tous les chevaux du train des équipages et tous les mulets dont nous pouvons disposer ; nous avons même plus d'une fois partagé nos vivres avec eux. »

Les bêtes fauves elles-mêmes, chassées par la faim de leurs repaires, vinrent aussi attaquer nos pauvres soldats. Un hôte des forêts glacées, un animal considéré comme une sorte de personnification de la Russie et de l'hiver, parut même aux environs du camp des alliés, si l'on doit en croire un correspondant qui écrivait au *Morning-Herald* le 16 février : « Il est positif qu'un soldat qui puisait de l'eau près du camp a été attaqué par un ours ! Ce soldat, qui était d'un régiment de ligne français, a été grièvement déchiré et a eu le bras droit fracturé en luttant contre la bête furieuse. Si plusieurs de nos soldats, attirés par les cris du Français, n'étaient accourus aussitôt, il est probable qu'il aurait succombé. »

Cependant les secours arrivaient de tous côtés. Une sollicitude toute maternelle veillait sur les besoins de nos soldats.

« L'arrivée, dit une lettre, d'une foule de vêtements et chaussures d'hiver garantit désormais le soldat contre les attaques du froid et de l'humidité. Nous avons en ce moment l'air de commander à des Turcs ; tous nos hommes portent le fez rouge, qu'on leur donne en guise de bonnet de coton ; ils ont reçu de plus des sabots avec d'excellents chaussons et des gants de tricot. Ces quelques détails vous donnent une idée des soins minutieux qui sont apportés dans tous les services de l'armée.

« Nous avons reçu à Kamiesch une bonne quantité de charbon qui va être distribuée entre les divisions. Quelques bâtiments chargés de bois sont arrivés en même temps. Décidément, le gouvernement ne nous laisse manquer de rien. »

Puis le moral du soldat ne lui fit pas défaut. Voici une lettre d'officier qui le prouve clairement. Nous lui laissons son parfum de couleur locale : « Notre régiment a sa position dans le voisinage du Clocheton où commencent, sur la gauche, les travaux du siége. Nous sommes bien campés. Les tentes turques qui nous abritent sont de bonnes habitations militaires, faisant la nique au vent. Vous savez comme le soldat est industrieux. Il a composé son coucher avec des lavandes et des fougères qu'il a su trouver je ne sais où. C'est surtout dans l'installation des cuisines que se révèle le génie du troupier. A l'aide de pierres, il a construit des fourneaux avec des séparations pour chaque escouade. C'est là que se fait la soupe ou le café ; c'est là qu'on fume sa pipe, qu'on devise sur la campagne, qu'on parle de la France. La gaieté du soldat est inépuisable ; il prend tout en bonne humeur, même ses souffrances. L'enthousiasme des troupes n'a pas failli un seul instant. L'autre jour un loustic ayant dit que la paix allait se faire, j'aurais voulu que vous entendissiez le haro de toute l'escouade. Au même instant, une bombe vint à éclater au-dessus de nos tranchées. « Tiens, dit un soldat au camarade, voilà

la paix! l'encrier des protocoles est renversé. » Et tout le monde de rire. Le camp a un aspect des plus pittoresques, le soir surtout. Les tentes au milieu de l'obscurité scintillent comme des points lumineux : on dirait une illumination. C'est dans ces moments-là, c'est au milieu de l'immensité, c'est dans le silence de la nuit qu'on rêve à la patrie. Mais on s'endort bien vite, et le rêve heureux se continue en dormant.

« Nos hommes ont bonne santé : ils reçoivent du biscuit, du café excellent, de l'eau-de-vie ou du rhum, du riz, du lard, du sucre, et tout cela en bonne qualité et en quantité suffisante. Nous voudrions bien de la viande, mais cela est d'une difficulté énorme. Tout ce qu'on peut nous donner, nous l'avons. Les Anglais font plus qu'admirer notre administration, ils l'envient. Nous achetons des légumes à Kamiesch, du sucre, de la bougie, et nous faisons un ordinaire en garnison. Outre leur uniforme, les hommes ont une capote à capuchon, une espèce de carrick à un seul collet, des guêtres en peau de mouton qui montent au-dessus du genou, des ceintures de flanelle, une paire de gants de laine, une calotte rouge comme le fez des Turcs, et enfin d'immenses bas qui jouent l'office de caleçon. Le matin, à 7 heures et demie, on part l'arme en bandoulière, sur un seul rang. Arrivée à la maison du Clocheton, la file pénètre et serpente dans les tranchées. Les Russes qui savent que c'est l'heure où l'on relève la garde, nous souhaitent le bonjour avec une profusion de bombes et de boulets. C'est le réveil-matin. On prend la position occupée par le régiment relevé, et on reste là jusqu'au lendemain matin. Là, il faut guetter les bombes, éviter les balles des tirailleurs russes et prendre garde au *brutal.* »

Mais ce qui a soutenu le soldat français à travers ces terribles épreuves, c'est sa confiance en Dieu. Qu'il soit permis de citer à l'appui une seconde lettre du même aumônier....

L'EMPEREUR D'AUTRICHE.

« Devant Sébastopol, de la baie de Kamiesch, 8 février.

« Mon révérend père,

« ..... Voulez-vous savoir quelles sont les occupations journalières des aumôniers? Elles sont fort simples. Une partie de nos journées se passe à visiter nos malades dans les ambulances. Nous allons d'une tente à l'autre, consolant ceux qui souffrent, réconciliant les mourants avec Dieu, et leur donnant le sacrement de l'extrême-onction. Pour cela, il faut beaucoup de temps. En France ou en Belgique, ce serait un travail facile : on a bientôt parcouru les salles d'un hospice, secouru les plus malades et adressé la parole aux convalescents.

« Mais ici, nous devons nous glisser sous une foule de tentes dressées les unes auprès des autres, ramper, c'est le terme, entre les infirmes couchés à terre côte à côte, soulever les couvertures qui voilent leur visage et nous rendre compte de l'état sanitaire de chacun. Ce n'est pas, je vous assure, une petite affaire; et si la pluie, le vent ou la neige viennent ajouter à la difficulté du pèlerinage, vous comprendrez que la fatigue est assez grande après deux visites journalières dans les ambulances.

« Mais les malades sont-ils les seuls à profiter des services du prêtre dans l'armée de Crimée? Non, assurément. Notre tente est ouverte à tout le monde, et beaucoup profitent de la présence du ministre de Dieu pour purifier leur conscience ou pour chercher des consolations désintéressées. En pourrait-il être autrement? En France, la plupart de nos soldats et de nos officiers ont été élevés par des mères chrétiennes.

« Ceci soit dit à l'honneur de notre pays, où les mères, à très-peu d'exceptions près, comprennent si bien la grandeur et la sublimité de leur mission! Quant aux pères, si tous ne donnent malheureusement pas l'exemple de la pratique religieuse, du moins ils veulent que leurs enfants soient honnêtes, et ils prêtent leur concours aux soins de la mère, ou bien ils ne les entravent pas. Or, dans les circonstances actuelles, au milieu de dangers sans cesse renaissants, la foi parle haut;

les jeunes souvenirs se réveillent; on sent qu'il faut assurer le bonheur de l'autre vie, et on vient au prêtre pour demander l'absolution des fautes passées avec une bénédiction pour l'avenir.

« Et puis, le sacrement de pénitence n'est pas le seul motif qui conduise le soldat ou l'officier à la tente du prêtre. Si loin de son pays, sur la terre ennemie, on se trouve souvent bien seul au milieu d'un camp! Ce père qui a quitté sa femme et ses enfants, peut-être pour toujours, a bien des sollicitudes qui lui rongent le cœur. Ce jeune homme avait de belles espérances: il prévoyait dans un avenir prochain la possibilité de s'unir à l'objet de chastes affections, et il a reçu l'ordre d'aller à neuf cents lieues et d'y rester jusqu'à la fin d'une campagne dont le terme est incertain. Ce fils unique a dû dire adieu à un vieux père et à une vieille mère dont il était adoré. Oh! il y a bien des douleurs et des regrets dans toutes ces poitrines militaires si admirablement généreuses. Mais la douleur est expansive; elle a besoin de se communiquer. Eh bien, le prêtre est là pour accepter des confidences intimes et rendre les consolations chrétiennes et le baume de la religion en retour des larmes amères de l'humanité.

« — Il y a bien des années que je n'ai parlé des prêtres que pour en rire, me disait un officier nouvellement arrivé de France, et cependant, lorsque cette lettre est venue me remuer le cœur et me livrer à de cruelles angoisses, c'est à vous que j'ai pensé. Seul dans ma tente, je pleurais des larmes de désespoir pendant cette nuit, et ma seule consolation était celle-ci : demain, je pourrai me soulager en racontant ma peine, j'irai trouver ce prêtre, que je ne connais pas, mais que j'ai aperçu devant sa tente sur le rivage. Je lui parlerai, et je serai consolé.

« Heureux officier! il a trouvé Dieu au moment où il y songeait le moins. Il lui a été beaucoup pardonné, parce qu'il a beaucoup aimé. La balle ennemie peut venir maintenant le frapper, il est prêt. La mort lui est un gain; elle le réunira à ce qu'il aimait uniquement sur la terre.

« L'histoire de cet officier est celle de bien d'autres, je vous l'assure, et journellement nous bénissons Dieu de nous avoir appelé à consoler un grand nombre de chagrins secrets que le cœur seul du prêtre peut comprendre.

« Est-ce donc qu'il n'y a de cœur que parmi les prêtres? reprend l'incrédulité haineuse qui peut-être lira ces détails. L'officier français n'at-il point d'ami auquel il puisse s'ouvrir? Assurément, je suis loin de refuser les qualités du cœur à notre armée; au contraire, elle est bien belle et bien noble à cet endroit; mais quiconque a vu une armée en campagne, et surtout dans des circonstances aussi difficiles; quiconque a vu cette multitude d'hommes tiraillés dans tous les sens par les exigences du service ; celui auquel il a été donné d'observer en philosophe ce croisement de vues contraires, ces froissements occasionnés par le contact des passions, ces rivalités d'intérêts divers; celui qui a entendu tout ce bruit, qui a vu tout ce mouvement, qui a compté tous ses pas en sens inverse, celui-là est obligé de répéter cette parole que m'adressait un jour un officier général fort distingué :

— Dans l'armée, nous avons beaucoup de camarades, mais peu d'amis. Il faut à l'homme souffrant et malheureux, sous peine de se consumer de chagrin dans la solitude de son cœur abreuvé d'amertume, il faut la possibilité de trouver un cœur auquel il puisse s'ouvrir, un cœur tranquille et calme, exempt des petites sollicitudes, de la jalousie et de l'ambition, qui puisse le comprendre, lui donner son temps et ses larmes, se donner lui-même et apporter avec soi les consolations de Dieu. Il lui faut un cœur de prêtre. Voilà la pensée qui a présidé à la création de l'aumônerie de l'armée d'Orient. Honneur à ceux qui en ont eu l'initiative et qui l'ont réalisée !

« Il y a quelques jours, deux jeunes officiers passaient près de ma tente. Ils ne me voyaient pas. Je les entendis qui demandaient la demeure de quelqu'un. « Ici, leur répondit un soldat, ici est la tente de l'aumônier. — Oh! l'aumônier, nous n'en avons pas besoin, et nous nous en passerons toujours bien, » reprirent en riant les jeunes étourdis. A quelques heures de là, un de leurs camarades devait me demander mes services et s'estimer bien heureux d'avoir trouvé un aumônier sur la terre étrangère. Je veux vous raconter l'histoire de ce jeune homme. Elle est édifiante.

« C'était un fils unique. Son père, ancien officier supérieur, était mort en laissant à sa veuve ce gage unique de sa tendresse. Il avait grandi sous les yeux de sa mère; il s'était instruit et il avait été admis à Saint-Cyr. Depuis un an, il était sorti de l'école, jeune et brillant officier, plein de santé et d'avenir. Le mois de décembre l'avait vu débarquer sur la terre de la Crimée, pour y prendre part aux glorieux travaux de la campagne. Un jour, on nous l'apporta à l'ambulance. La fièvre le consumait. Le médecin en chef était dans l'anxiété sur l'issue de cette maladie et sur la possibilité de lui donner des soins. Envoyer le jeune homme à Constantinople, c'était l'exposer à mourir dans la traversée; mais le garder sous la tente ne valait guère mieux.

« Alors il prit un moyen terme. Je venais de faire construire sur le bord de la mer une petite chapelle en bois. Le médecin me demanda l'hospitalité pour son malade dans la maison de Dieu, et nous construisîmes aussitôt dans ma chapelle, au pied de l'autel où je dis la messe chaque matin, une petite alcôve en nattes de jonc et en couvertures de laine. Nous y déposâmes l'officier sur un petit lit de campement que j'avais fait venir de Constantinople pour mon usage, et je me mis à son service. Étant supérieur de collége, j'avais soigné et je savais que des soins assidus pour faire observer à la lettre les prescriptions de la science, étaient comme une sorte de garantie de guérison. Je promis donc au malade de le veiller moi-même et de le servir le jour et la nuit.

« Le premier jour, il parut gêné de cette position. C'était un effet de sa délicatesse de cœur. Mais, le lendemain, pendant que j'étais à genoux au chevet de son lit, priant et attendant qu'il me demandât quelque chose, il se souleva sur son oreiller, et passant son bras autour de mon cou, il me dit : « Oh! voulez-vous me servir de père? C'est la première fois que je suis malade, et seul, si loin de ma famille, je sens que j'ai besoin de quelqu'un en qui j'aie confiance, et par qui je me laisse conduire comme par mes parents. » J'embrassai ce pauvre enfant, et je lui promis de nouveau de ne pas le quitter.

« A dater de ce moment, il ne

voulut plus même accepter les soins du soldat qui est attaché à mon service, et si je m'absentais quelque temps, sa tête, fatiguée par une sorte de délire, s'exaltait au point que, plus d'une fois, il fallut aller me chercher pour le calmer.

« Huit jours se passèrent ainsi entre la crainte et l'espérance. Mais, un soir, le choléra vint compliquer l'état si grave du pauvre patient. Je ne lui avais pas encore parlé de la préparation à la mort, et comme son mal demandait un grand calme et un grand silence, je n'avais pas même entamé avec lui la question religieuse. Seulement, j'avais vu à son cou le scapulaire de la Sainte-Vierge. Dans ce moment il n'y avait plus à hésiter. J'embrasse cet enfant, et je lui demande s'il veut obtenir de Dieu le pardon de ses fautes. — Oh! oui, répondit-il, je le voudrais bien. Mais la pénitence est un si grand sacrement! Je n'y suis certainement pas préparé. Alors je le disposai moi-même à cette grande action. Je lui fis réciter les prières qu'il aimait de préférence, et en particulier le *Memorare*. — Etes-vous fâché d'avoir offensé Dieu? lui dis-je. — Je vous assure, reprit-il, que je ne l'ai jamais fait que par faiblesse et par entraînement, et que je me le suis toujours vivement reproché. Je lui donnai l'absolution de ses fautes, remettant l'extrême-onction au lendemain. Pendant toute la nuit nous priâmes encore ensemble, et nous nous entretînmes de la vie et de la mort au point de vue chrétien.

« Oh! qu'il y a de nobles sentiments dans les âmes de nos jeunes officiers! Emportés par une certaine fougue de jeunesse, ils se montrent parfois méprisants ou fiers, ils affichent certains airs d'impiété, mais le fond de leur cœur est plein de noblesse. Laissez passer l'effervescence du premier moment, et vous trouverez un trésor caché dans ces jeunes âmes. Pendant deux jours, il me fut donné de lire de bien belles choses dans le cœur de l'enfant que j'avais presque adopté.

« Des médecins firent des prodiges pour l'arracher à la mort. Je les ai vus se réunir autour du lit du jeune officier pour remplir auprès de lui les fonctions de simples infirmiers. Ils se montrèrent plus que dévoués à leur devoir. Je les vis presque se passionner pour disputer à la mort la vie de cet enfant. Enfin la mort devait l'emporter sur l'art! Or, pendant ces deux jours suprêmes, mon courageux jeune homme la regarda en face sans frémir. Je n'ai pas surpris en lui un moment d'hésitation; et comme je lui posais une fois la question catégoriquement: « Voulez-vous vivre ou mourir selon la volonté de Dieu? Etes-vous disposé à tout? — Absolument, me répondit-il avec énergie, absolument. » Lorsqu'il ne put plus parler, il avait encore sa connaissance tout entière. Alors je lui récitai tout haut des prières. Il joignait les mains et tâchait de tourner la tête de mon côté. Enfin, lorsque ses yeux furent vitreux et insensibles à la lumière, je pris les mains du mourant, je penchai ma tête sur son oreiller et je lui dis tout bas à l'oreille : « Je vais vous donner une dernière absolution. Etes-vous bien résigné à mourir ? » Il pressa mes mains dans les siennes, il mit sa joue sur la mienne ; ses lèvres s'efforcèrent de prononcer une parole qu'elles ne purent articuler. Je lui donnai l'absolution, et il mourut.

« Le lendemain, tous les officiers de son régiment se réunirent dans ma chapelle pour lui rendre les derniers devoirs. Sur le bord de la tombe, son colonel prononça en quelques paroles bien senties un éloge funèbre qui était une leçon d'honneur pour tous les assistants. Les soldats passèrent ensuite un à un près du cercueil, tirant leur coup de fusil dans la tombe, qui se referma aussitôt et fut surmontée d'une croix, en signe d'espérance.

— Vous me demandiez, mon révérend père, si tous les hommes de notre armée, officiers et soldats, se montrent aussi bien disposés pour la religion que le prétendent quelques personnes ; s'il est vrai que tous portent la médaille de la Sainte-Vierge ? etc. Voici, je crois, la meilleure réponse : tous, ou à peu près

tous, ont au fond de l'âme les sentiments honorables que puise un Français dans son éducation première ; tous respectent Dieu et sa religion. Seulement, on ne peut pas espérer que d'un seul coup, dans toutes les âmes, certains préjugés inspirés par la science impie, certaines passions secrètes, certaines habitudes d'indépendance, se soient évanouis pour laisser le cœur humain dans tout son beau et dans toute sa grandeur primitive. Il y en a donc parmi nous, de ces hommes qui sentent peu le besoin du prêtre ; il y en a qui redoutent secrètement sa conversation comme un remords ; il y en a qui peuvent encore plaisanter étourdiment sur les choses saintes ; mais ceci n'empêche pas l'ensemble d'être noblement chrétien. Et, il faut le répéter, comme je le disais au commencement, nous trouvons dans tous une délicatesse de procédés qui ne peut venir que d'un cœur naturellement religieux.

— Si vous insistez pour savoir quel est l'hommage rendu à la Sainte-Vierge par nos troupes catholiques, je vous répondrai qu'un très-grand nombre portent là médaille miraculeuse. Les soldats la suspendent à leur cou, et sans cesse vous la verrez ostensiblement attachée à la chaîne d'or qui maintient la montre de l'officier. Quelques-uns se la sont procurée volontairement et avec conviction ; d'autres l'ont acceptée de la main d'une mère, ou d'une femme, ou même d'un autre officier ami; tous la conservent avec respect. — Jamais de ma vie je n'ai porté de signe de dévotion, me disait un officier général qui venait de recevoir, dans une lettre, une médaille de la Sainte-Vierge; mais celle-ci m'est envoyée avec des expressions si pleines de cœur, que je la conserverai, et elle m'accompagnera partout. En parlant ainsi, il la faisait passer de main en main aux officiers assis à table, et chacun, en la regardant, parlait de la sienne, qu'il tenait ou d'une sœur de charité, ou de sa mère, ou bien encore du pape, ou de quelque cardinal pendant l'expédition romaine.

— Voilà où nous en sommes au point de vue religieux. Il ne faut rien exagérer, je crois, il ne faut vouloir ni prodiges ni miracles. La simple vérité est plus belle. Oui, notre armée est chrétienne! Sans cela elle ne serait pas française. Parmi ses membres, quelques-uns poussent la vertu jusqu'à l'héroïsme; d'autres sont naïvement bons et vertueux, si je puis m'exprimer ainsi; le très-petit nombre se tient encore en garde, sous l'impression des sots préjugés du XVIIe siècle; tous, à mon avis, sont près du royaume de Dieu, parce qu'au fond ils aiment et bénissent la religion de leurs pères, cette foi catholique, apostolique et romaine, qui a fait sortir la Gaule de la barbarie et l'a élevée à ce haut degré de civilisation qui rend si justement fier quiconque appartient à la France!

— Adieu, mon révérend père. Respect et hommage, je vous prie, au R. P. provincial et à tous nos Pères. Adieu : priez toujours pour que nous soyions dignes de notre mission et que nous portions au milieu de l'armée française la bonne odeur de Jésus-Christ. Ne faites pas de vœux pour que nous conservions nos forces et notre vie. Qu'importe la santé, pourvu qu'on puisse dire de nous comme de saint Paul : *Iste est vas electionis ut portet nomen meum, coram gentibus.*

« A. DE DAMAS.

CHAPITRE VII

Souffrances de l'armée anglaise. — Sa reconnaissance pour l'armée française.

Cependant l'armée anglaise souffrait beaucoup du froid et des privations. Les précautions avaient manqué, on avait oublié de pourvoir aux exigences de la saison et même aux besoins du soldat.

L'administration britannique faisait de louables efforts pour remédier aux exigences des troupes ; elle avait ordonné l'établissement d'un chemin de fer de Balaklava au camp, et expédié des approvisionnements, des couvertures, des *jersey froks,* des socques ; mais les débarqnements s'effectuent toujours avec lenteur, et les fatales conséquences d'une organisation défectueuse se faisaient douloureusement sentir. Les médecins de l'hôpital de Scutari annonçaient unanimement que les maladies, la diarrhée, la dyssenterie, ne diminuaient pas dans leur service, et qu'à peine un tiers des malades serait en état de retourner en Crimée. « L'armée anglaise, s'écriait le *Times* dans son numéro du 24 janvier, est menacée d'un désastre auquel on trouverait peu de parallèles dans les sombres annales de la guerre... Notre armée, au commencement de

ce mois, comptait au plus quatorze mille baïonnettes.

« L'artillerie et le génie étaient réduits dans les mêmes proportions ; la cavalerie n'existait plus, puisque tout ce qui restait de chevaux était employé au transport des provisions. Les pertes ne peuvent être évaluées à moins de soixante par jour, et les malades à moins de mille par semaine. Cette effrayante proportion entre les malades et les hommes valides doit-elle rester ce qu'elle est? doit-elle diminuer ou doit-elle augmenter? De cette question dépendent la vie et la mort de l'armée anglaise. Eh bien! c'est une ironie de croire qu'il peut y avoir deux réponses à cette question. La proportion des malades ne diminuera pas, elle ne restera point ce qu'elle est ; elle augmentera, et elle ne peut pas ne pas augmenter... Et dans quel état sont les survivants? Des quatorze mille restants, on compte qu'il y en a à peine deux mille bien portants ; en réalité, c'était, au commencement de ce mois, une armée d'hôpital, et l'hiver n'avait pas encore paru... On ne parle plus d'une attaque avant un mois, et à ce moment-là combien resteront de nos cinquante-trois mille hommes? A moins d'un coup de fortune inespéré, nous allons perdre notre armée, notre seule, notre unique armée, l'objet de tant d'orgueil, de tant d'affection et de sollicitude, la terreur de nos ennemis, le boulevard de notre indépendance !... »

La Grande-Bretagne, le parlement s'émurent. M. Roebuck pro-

L'EMPEREUR DE RUSSIE.

posa à la chambre des communes, le 26 janvier, une commission d'enquête pour rechercher quelle était la condition de l'armée devant Sébastopol, et quelle était la conduite de l'administration. « On a reconnu, dit-il, que l'armée était sans nourriture, sans vêtements, sans abri. D'où vient cet état de choses? De la mauvaise administration du gouvernement. Je ne suis pas militaire, et je n'entreprendrai

5.

point par conséquent de critiquer l'utilité de l'expédition de la Crimée. Je me contenterai tout simplement de rappeler à la chambre que, dans les premiers mois de l'année dernière, nous avons envoyé une armée telle que nous n'en avions jamais eu auparavant une pareille ; elle se composait de cinquante-quatre mille hommes, et il ne paraît plus y avoir aujourd'hui en Crimée que quatorze mille baïonnettes en état de servir. Qu'a-t-on fait des quarante mille autres hommes ?

« Voulez-vous savoir ce qui a produit la réduction ? C'est, selon moi, l'incapacité du département de la guerre, tant au dedans qu'au dehors. »

Lord John Russell, au lieu de combattre cette motion, se démit de ses fonctions de président du conseil, et il expliqua en ces termes les motifs de sa retraite : « Il est évident que l'honorable représentant de Sheffield (M. Roebuck) n'est point animé de sentiments hostiles contre le gouvernement, et je suppose qu'en faisant sa proposition, il n'a d'autre but que d'arriver à ce que nous voulons tous, à une guerre vigoureuse.

« Le droit d'enquête est un des priviléges les plus précieux de cette chambre ; cette chambre a le droit de dicter les mesures qu'elle juge convenables pour donner suite aux hostilités ; mais, en exerçant le droit d'enquête, elle corrige les abus et la mauvaise administration.

« On peut repousser une proposition d'enquête par deux motifs ; parce que les abus ne sont pas assez graves pour exiger une enquête, ou parce qu'on a pris des mesures suffisantes pour y remédier sans que la chambre ait besoin de faire une enquête. Sur le premier point, il est impossible de dire qu'il n'y a pas eu d'abus. (Bruyants applaudissements.)

« Personne ne peut nier le triste état de notre armée devant Sébastopol : les relations que nous en recevons ne sont pas seulement pénibles, elles sont horribles et fendent le cœur ; et je suis assuré que personne ne s'opposerait un instant aux mesures susceptibles d'adoucir ces maux.

« Je vous déclare que, dans cette guerre, il y a des choses dont j'ai pris officiellement connaissance et que je ne puis m'expliquer. L'état de l'armée est inexplicable pour moi. Si on avait objecté l'an dernier, à l'expédition de Crimée, qu'à sept lieues de la mer et d'un bon port nos troupes manqueraient de nourriture, d'habits et d'abris au point de perdre quatre-vingt-dix ou cent hommes par jour, j'aurais considéré cette prédiction comme bien improbable.

« Cependant nous connaissons tous la triste réalité des faits, et ce n'est pas en niant l'existence du mal que j'aurais pu espérer de faire rejeter à la chambre la proposition de l'honorable représentant de Sheffield.

« J'avais en outre à considérer si j'étais bien en position de ne pas répondre par un *non* faiblement accentué à la proposition d'exprimer, en termes formels et non équivoques, le désir de voir rejeter la proposition et de ne pas chercher à en éluder les termes. Mon devoir, et je crois l'avoir rempli, était d'examiner si j'étais en état de soutenir la lutte et de m'opposer vigoureusement à la nomination d'une commission d'enquête. Après réflexion, j'ai pensé que je ne pouvais m'opposer avec vigueur et en conscience à l'adoption de la proposition. »

Les Anglais n'avaient pas pour soigner leurs malades nos Sœurs de charité. Il est vrai, quelques femmes du monde avaient quitté leur pays et leur famille pour aller donner des soins aux malades de leur nation. C'est un admirable dévouement qui sera recompensé de Dieu. Mais ce n'est pas la Sœur de charité habituée au contact de la maladie, vouée par vocation au soulagement de la misère ; ce n'est pas cette sœur à laquelle notre ennemi lui-même rend cette justice.

« Nous éprouvons une véritable satisfaction à informer le public que les blessés russes, transportés à Constantinople, reçoivent dans les hôpitaux français, de la part des Sœurs de charité, les soins les plus touchants. Fidèles à leur sainte vocation, ces religieuses viennent au secours des souffrances humaines avec une sollicitude toute chrétienne sans établir de distinction entre les malheureux, selon leur nationalité ou le rite qu'ils professent. Nous savons même que, dans leur bienfaisance, elles ont acheté et fourni à nos prisonniers les vêtements les plus indispensables. Elles se sont montrées admirables en soignant et plaignant nos pauvres blessés, de même qu'elles le font pour les Français.

« Puisse l'hommage de notre sincère gratitude parvenir à la connaissance de ces dignes religieuses, que Dieu seul pourra récompenser comme elles le méritent de la mission de charité qu'elles pratiquent ici-bas d'une manière si sublime. »

« Nos pauvres alliés, dit une lettre, sont bien malheureux. La bravoure ne garantit pas du froid ; il faut savoir établir un bivouac, courir au loin chercher le bois, se donner mille peines devant lesquelles le soldat anglais recule. Aussi que de misère ! quelles pertes !

« Le froid est diabolique ; nous avons eu jusqu'à 8 degrés. Ajoutez à cela deux pieds de neige, si ce n'est trois, et vous aurez une idée de notre situation. Nous supportons assez bien ces rigueurs, mais nos pauvres chevaux et mulets n'y tiennent plus; nous en perdons beaucoup.

« Le nombre des malades est toujours considérable. On parle de 400 soldats dont les pieds ont été gelés; de quelques autres trouvés morts. C'est terrible, mais qu'y faire? Il est humainement impossible de prendre des mesures plus prudentes, plus paternelles, oserai-je dire, que celles qui règlent la vie de nos soldats.

« Si on les compare aux soldats anglais, ils sont traités en petits-maîtres. Aussi nos alliés se laissent abattre et décourager par la moindre difficulté. Ces jours-ci, je revenais de la chasse; je traversais la gorge de Balaklava; des soldats anglais, occupés avec *nos* mulets au transport de leurs maisons en bois, étaient embourbés dans un bas-fond. Savez-vous comment ils se sont tirés d'affaire? Ils ont fendu plusieurs planches à coup de hache, et ils ont fait un excellent feu de la maisonnette. J'en ai pris ma part. Ce sont de ces aventures qu'on ne pourra jamais raconter de l'armée française.

« Mais nos pauvres alliés! dans quel état ils se trouvent! Ils ont à Balaklava des bâtiments chargés de vivres et de vêtements, et rien n'arrive au camp. Tous leurs chevaux sont morts. Nous leur prêtions nos mulets; mais le froid nous a causé des pertes notables, et nous avons

dû, malgré nous, cesser nos bons offices. Pour remédier à cet état de choses, à l'absence des bêtes de somme, toute une brigade de la 1re division a été requise pour porter, pendant plusieurs jours, des munitions anglaises de Balaklava aux tranchées.

« Impossible, n'est-ce pas, de pousser plus loin l'entente cordiale? Nos malheureux voisins sont profondément démoralisés. Hier, un officier égaré me disait que la semaine dernière on avait compté 14,000 exempts de service. Voilà un argument en faveur du bill pour l'enrôlement des étrangers. Les Anglais sont enchantés des violents articles du *Times* et consorts; cependant ils dégagent complétement la personnalité de lord Raglan de ces accusations, qui attaquent l'organisation elle-même de l'armée.

« Nous n'avons plus de nouvelles des Russes. Ils n'ont conservé que des postes d'observation sur la Tchernaïa. Depuis leur dernière tentative pour pénétrer le long de la rade dans Sébastopol, tentative qui a échoué, les Russes n'ont d'autre moyen de communiquer avec leur armée que par la rade, ce qui doit singulièrement les gêner.

« Il paraît que nous avons définitivement passé l'époque froide de la Crimée. C'est du moins ce que disent les habitants. »

Aussi les soldats anglais sont ils remplis de reconnaissance et d'admiration pour l'armée française.

Un soldat irlandais écrivant à son père, s'exprime ainsi sur le compte des Français : « C'est un vrai monde militaire, où on ne voit parmi les braves fils de l'Angleterre et de la France, que guerre, destruction et grandeur. Comparés aux Français pour l'apparence extérieure, nous sommes ce que serait un beau coursier à côté d'un cheval de peine. Les Français ont tout ce qu'il faut pour leur bien-être. Tandis que nous sommes surchargés et mal équipés, ils sont gros et gras, et leurs chevaux les plus beaux que j'aie jamais vus. Ils nous surpassent en tout, à part la valeur, et combattant avec eux à l'ombre de l'aigle victorieux, je les ai trouvés égaux aux plus braves. Sur le champ de bataille, je n'en ai jamais vu un seul se battre; ils restent à leur poste, et n'ont jamais seulement eu mal aux pieds; ils sont braves, obligeants, bons camarades et de vrais diables pour l'ennemi. »

On trouve dans la lettre d'un officier anglais, datée devant Sébastopol le 5 janvier : « Le fait est, comme le disaient dernièrement quelques officiers supérieurs, que nous en sommes venus à être abandonnés par l'état-major. Nous sommes laissés à nous-mêmes; chaque régiment doit chercher à se tirer d'affaire, et c'est le cas de dire *sauve qui peut*. Nous sommes dans un état voisin de la désorganisation; des ordres généraux publiés et lus n'ont pas d'autre suite. A diverses reprises, on annonce que tel et tel jour, telles et telles choses seront distribuées aux troupes; mais ne vous y laissez pas tromper, car tout se fait suivant la chance du moment; les uns reçoivent, les autres n'ont rien, et quelques-uns même ont le double de ce qui leur est dû. A la mi-novembre, le commissariat ordonna une distribution de chauffage qui, dans cette partie du camp, ne nous est arrivé que deux fois, et d'éclairage dont il a fallu nous passer entièrement. »

On lit dans la lettre d'un correspondant anglais, datée devant Sébastopol le 8 janvier : » Traversant l'autre jour le camp du 50ᵉ de ligne français, je vis sortir de sa tente un officier, qui, avec la bonté et la courtoisie si naturelles à nos alliés, m'invita à venir prendre avec lui un verre d'eau-de-vie, envoyé comme étrennes par l'Empereur aux officiers. Quoique censé demeurant dans une tente, la toile ne servait qu'à couvrir une large et chaude fosse, où brûlait un bon feu de bois, dans une cheminée de pierres. Nous trinquâmes ensemble et fraternisèrent, comme le font si volontiers nos alliés quand nos officiers veulent s'y prêter, et mon hôte qui avait gagné ses grades en Afrique, me montra avec orgueil la

caisse de bon bordeaux, celle d'eau-de-vie, et un monceau de tabac, qui lui avait été envoyé par Napoléon III, *le premier ami du soldat.* »
Le même continue à la même date : « Le lieutenant N***, du 9ᵉ de ligne anglais, qui commandait un détachement envoyé à la recherche des vivres, se trouva si mal en route qu'il ne put rester avec ses hommes, et le lendemain fut découvert mort dans la neige. Avant-hier, un de nos officiers passant à côté d'un bivouac français fut appelé par un capitaine, qui lui montra dans sa tente le cadavre glacé d'un officier anglais qu'on venait d'y porter, et dont déjà le képi, l'habit et les bottes, avaient été volés par quelque vagabond. »

Devant Sébastopol, 19 janvier : « Dans la matinée, 1200 soldats français vinrent chercher des munitions à Balaklava, et l'agilité, la bonne humeur, l'énergie avec laquelle ils traversaient la neige était vraiment admirable..... C'est inexprimablement drôle de voir le capitaine Smith, avec une paire de bottes russes en cuir rouge, avec un habit de cuir blanc, élégamment ouvragé le long du dos de fleurs de diverses couleurs, surmonté d'une coiffure pareille à celle des chiffonniers de Londres, entrer gravement à travers la boue dans Balaklava, et dirigeant toute l'intensité de son génie à la recherche d'un pot de confitures ou de marmelades....... Au commencement de novembre, le 46ᵉ de ligne débarqua à Balaklava, fort de 1100 baïonnettes, et maintenant on ne compte dans ses rangs que 117 hommes capables du service... La dernière fois que le 63ᵉ fut appelé sous les armes, il ne se présenta que six hommes valides, et en comptant officiers, sous-officiers et valets, on n'arrive pas à un nombre de quarante.....

CHAPITRE VIII

État de notre armée après l'hiver.

L'hiver passé, tout reprit de la vie et du mouvement au camp.

« La série de beaux jours que nous traversons, écrit un soldat, a fait disparaître, avec les misères qu'engendrent les pluies et le froid, les maladies qui en sont les conséquences, telles que les congélations, les dyssenteries, etc. La gaîté et l'aisance du soldat français sont à leur état normal, et si ce n'étaient les fatigues obligées par les derniers travaux du siége, nos hommes, entre deux manœuvres, se livreraient à leurs danses, à leurs jeux comme en garnison ; mais, du matin au soir, ils sont absorbés par les gardes et les travaux de tranchée, le transport des projectiles, la confection des gabions, la recherche du bois, l'entretien des routes et des fortifications, enfin par les soins de propreté indispensables pour conjurer les effets funestes d'un séjour de six mois sur un espace limité où tant de corps humains, tant de chevaux, tant de détritus sont enfouis,…..

« Les Russes ont utilisé avec succès la trève de trois mois que l'hiver a imposée aux deux armées en dehors des affaires du siége ; une suite d'ouvrages de campagne reliant des hauteurs inaccessibles couronnent les crêtes de la Belbequc depuis le phare d'Iukermann en passant par Mekensie et aboutissant au village de Camava sur la rive gauche de la Tchernaïa ; c'est un camp retranché en face du nôtre qu'il faudra percer en un point quelconque le jour où nous prendrons la campagne pour attaquer la partie nord de la ville. On aura fort à faire pour enlever ces positions ; il faudra retrouver là nos jambes de l'Alma.

« Je puis vous assurer que le choc de nos colonnes sera rude à supporter. Il y a trop longtemps que nos colonnes reçoivent des coups sans en rendre pour ne pas prendre une terrible revanche ; si la brèche est praticable, soyez certain que Sébastopol sera envahi par un torrent de lave et de fer auquel rien ne pourra résister.

« Enfin, les baraques sont arrivées ! Elles arrivent précisément sous un soleil qui chasse la neige et le froid. Cependant elles sont les bienvenues ; les nuits sont encore rigoureuses, et d'ailleurs nos pauvres malades n'étaient pas à l'aise sous la tente. A l'heure où je vous écris, on en a construit quatorze déjà ; elles sont consacrées aux ambulances : c'est de toute justice.

« On a reçu au camp des nouvelles d'Eupatoria. La plus grande partie des troupes d'Omer-Pacha est déjà débarquée.

« Balaklava, 30 janvier.

« Le beau temps a ressuscité le port. Tous les bâtiments anglais restaient à quai encombrés de vivres, de provisions de guerre ; l'état des chemins, surtout dans les traverses de la gorge de Balaklava, ne permettait point d'approvisionner les camps. Aujourd'hui la plus grande activité règne dans la ville. Il était temps que le service des transports pût agir ; l'armée souffrait beaucoup au point de vue des vivres ; il a fallu se mettre pendant quelques jours à la demi-ration.

« Les Anglais ont fait ici des pertes considérables ; mais il ne faut pas les attribuer spécialement à l'absence d'organisation, au découragement des esprits. Il y a des causes physiques dont il faut tenir compte, et parmi elles je vous en citerai une pour exemple.

« Un petit cours d'eau vient des montagnes à Balaklava et se rend à la mer. C'est à peu près la seule eau potable ; c'est précisément cette eau qui a été la cause des maladies atroces, d'espèces d'empoisonnements inexplicables. En tout son cours, ce filet d'eau a reçu des détritus sans nombre et sans nom : carcasses de chevaux, entrailles de bestiaux, cadavres même parfois. Vous devinez le résultat de cette imprévoyance.

« Tout ici est fort cher, *au prix de famine,* comme me disait pittoresquement un officier anglais. Ces messieurs comparent ce qui se fait ici à ce qui se fait au camp français, où, grâce à la prévoyance du gouvernement, les denrées se vendent à meilleur prix qu'à Londres ou à Paris. De là ces lettres un peu vertes qui ont produit une si grande sensation à Londres.

« L'état des troupes s'améliore sensiblement. Des paletots doublés de fourrures, venus de Hongrie, sont fort appréciés ici. Les rapports avec Constantinople sont très-fréquents ; quatre bâtiments à vapeur se sont dirigés sur ce point depuis huit jours.

« Ici, comme au camp français, le bois manque : c'est une rude privation. On a distribué du charbon ;

il en est résulté de fâcheux accidents. Deux officiers d'artillerie, entre autres, ont été asphyxiés sous leur tente. Un autre chauffage assez original, des coquilles de noix de coco, a eu plus de succès. Les noix produisent un bon charbon, très-dur et très-chaud.

« Le *London* a apporté ces jours derniers des baraques fabriquées à Trieste. Elles ont l'inconvénient d'être fort lourdes, ce qui n'est pas

indifférent ici, en raison de la difficulté des transports. Il ne faut pas moins de 26 hommes par baraque. En attendant, on s'installe comme on peut. Les troupes déplacées campent en partie au pied d'une colline sur laquelle sont installés les zouaves. On a creusé des cavernes dont on ferme l'entrée avec des planches et des toiles.

« Le *Trent* est arrivé, avec 200 et quelques mulets, d'Alicante, accompagné de quarante-six muletiers maltais et espagnols.

« D'autres bâtiments ont débarqué des vêtements d'hiver. Dans quelques jours, l'armée anglaise sera pourvue entièrement de fourrures et de grosses bottes.

« L'amiral Bowes est venu ici pour régulariser un immense service de transports.

« Rien de plus simple que le grand quartier-général, je dirais presque rien de plus austère. Quelques tentes à demi-encaissées dans des trous creusés dans la terre, et protégées par des remparts de pierre, s'appellent, l'une le bureau de l'état-major, l'autre la tente du général Trochu, celle-ci la maison des officiers d'ordonnance; une quatrième est décorée du nom de salle du conseil; plus loin, se trouve la demeure où repose le général en chef, durant le peu d'heures où il lui est permis de se livrer au sommeil; au centre, enfin, et dans la direction de la ville, s'élève une baraque, la seule qui existe en cet endroit; mais aussi son importance est grande, car elle renferme à la fois la cuisine, la salle à manger et une petite pièce nommée *le chauffoir*. Tels sont les somptueux palais du commandant de l'armée.

« Les nuits sont trop noires et les chemins souvent trop mauvais, pour que le général Canrobert puisse inviter à dîner, sans compromettre parfois le retour de ses convives;

aussi, le matin, à l'heure du déjeuner, une société nombreuse se réunit au grand quartier-général. Chefs de service, officiers français, anglais, prennent place sur les escabeaux de bois, les tabourets de toile; chacun garde un chaud vêtement; car si, grâce au procédé Ruolz, on peut se croire, comme au temps du maréchal de Richelieu, servi dans la vaisselle plate, il faut se montrer moins sybarite que nos grands-pères : avoir le ventre à table et les pieds loin du feu. Le général, que j'avais eu l'honneur de rencontrer à Paris, me parut changé. Il souffrait encore d'une affection aux yeux, qui n'altérait en rien, du reste, sa bonne humeur. Cette verve entraînante, cette bienveillance chaleureuse, qui lui ont acquis de si profonds dévouements, se retrouvaient dans sa causerie. On eût dit, en vérité, le chef de tribu, prenant plaisir à se reposer un instant au milieu des siens, repas bien employé, au reste, car le général en profitait pour échanger avec les officiers généraux ou les chefs de corps toutes les observations de nature à intéresser les troupes placées sous leurs ordres. — A peine le café pris et un dernier cigare fumé, l'on vint annoncer que les chevaux étaient sellés.

« Voilà, ici, la vie de chaque jour, me disait un officier, comme nous sortions. Depuis six heures, le général est debout, recevant les rapports, travaillant avec le chef d'état-major ; au moment du déjeuner, il s'entretient avec les divers officiers qu'il a mandés. L'après-midi, d'ordinaire, si des travaux urgents ne le réclament pas, est consacré aux courses d'inspection, et le soir, quand tout le monde dort, vous verriez la lumière briller encore sous sa tente bien avant dans la nuit. C'est l'heure où il met en ordre son immense correspondance. Je ne sais vraiment comment il a pu résister à une pareille vie. Il nous a mis sur les dents. Mais aussi, il a la consolation d'avoir vu son armée traverser sans trop d'encombre cette cruelle épreuve. — Trois pieds de neige, le manque de bois et 2,000 pièces de canon, ne rendent pas un siége facile ; mais on vient à bout de tout, quand la confiance et l'ardeur sont dans les troupes ; et le général, on peut le dire, leur a réchauffé le cœur tout l'hiver.

« Tous les soldats valent maintenant nos vieux troupiers d'Afrique. Un boulet tombe, ricoche, et, dans un de ses sauts coudoie un homme, et lui casse le bras. « B... d'animal ! s'écrie le soldat ; ça l'aurait bien gêné de se déranger un peu ! » Et il s'assoit sur les marches du parapet. Ses camarades accourent, et le conduisent au chirurgien. Un des travailleurs, avant de se remettre à la besogne, prend le boulet dans ses deux mains. « Tiens ! dit-il c'est drôle ! il est tout chaud ! » et le lais-

sant retomber à terre, le voilà qui allume sa pipe, et se met à fumer les deux pieds appuyés sur le boulet.

« La multitude de boulets dont la terre est couverte au loin, cause déjà à elle seule une surprise mêlée de crainte ; pas un repli de terrain qui n'en soit jonché, et les soldats prétendent que si jamais l'on signe la paix, l'Empereur, par une clause spéciale, leur donnera tout ce fer comme part de prise. Le cadeau ne serait pas à dédaigner. L'on pourrait même se contenter de ceux qui sont venus mettre en morceaux les magnifiques pierres de taille du ravin des carrières, il y aurait encore là un joli denier. Nos troupiers s'y sont au reste parfaitement accoutumés. Et, comme le disait un sergent du génie : « Ma foi ! j'en ai maintenant tant vu et de si gros que si jamais je suis tué par une balle, je ne pourrai jamais croire que je suis bien mort. »

« L'ordre, l'activité, la vigilance règnent durant tout le travail du jour. Un soldat, nommé guetteur, veille sur les canons de la place et signale le danger. Le major et le général commandant la tranchée passent sans cesse au milieu des travailleurs. Le général Canrobert vient souvent aussi les animer de sa présence, s'exposant parfois avec une imprudence que l'on blâme, et qui cependant attache dans un chef. — La garde prend alors les armes, chaque travailleur reste à sa place, aucun soldat ne quitte son poste ; mais le général visite toujours les endroits les plus périlleux, et sa générosité assure alors aux hommes une ration ou un supplément de solde pris sur ses ressources personnelles.

« Comme je passais près d'un franc-tireur accroupi contre le parapet, près d'une embrasure, je le vis tout à coup se lever, agiter son képi et le poser sur le gabion, puis se blottir à deux pas de là. Des lignes ennemies, partirent alors successivement trois coups de fusil. A la troisième balle, le képi roulait à terre, percé de part en part. — Un instant après, le soldat (un fantassin de marine) se rapproche de l'embrasure, je regarde en même temps, et j'aperçois une bouteille sur la palissade ennemie. Il tire deux fois, et la bouteille vole en éclats. « Que diable faites-vous là? lui dis-je. — Histoire de s'entretenir l'œil et de se conserver la main, me répondit-il. Quand on ne peut tuer personne, il faut bien tuer le temps. »

« Le fait est que Russes et Français sont devenus si habiles que le métier présente maintenant de grandes difficultés. A la moindre ombre qui paraît aux embrasures, aussitôt c'est une grêle de balles. Un corps opaque peut seul intercepter le jour; ce corps opaque doit être celui d'un homme; alors on le tire, et les balles coniques portent juste. »

« Vivat! s'écrie un autre soldat, vivat! notre aqueduc est terminé! A vous qui n'avez qu'à vous baisser pour avoir en tout temps de l'eau *filtrée* des plus pures, la nouvelle paraîtra peut-être insignifiante ; mais elle n'est pas jugée telle ici, et elle a été accueillie par d'enthousiastes hourras, sur la flotte et dans l'armée.

« Cet aqueduc amène au fond du port de Kamiesch les eaux d'un puits, situé à plus de 500 mètres de la mer. Ce travail considérable a occupé pendant trois mois et demi une corvée de 150 marins. Il a fallu véritablement toute l'énergique persévérance de notre amiral, tout le dévouement de M. le lieutenant de vaisseau Albert, qui dirigeait cette entreprise, pour accomplir cette œuvre si utile, en dépit des intempéries de la saison et des obstacles de toute nature. Le plan de ce travail gigantesque a été si bien conçu, et les détails ont été menés avec tant de sagacité, que tout a marché avec ordre et méthode. L'aqueduc de Kamiesch a 563 mètres de longueur, une hauteur maximum de 5 mètres, et 4 mètres 90 de base. Il a fallu pour l'achever transporter 1,989 mètres cubes de pierre. Les tuyaux, empruntés à d'anciens conduits *déterrés* (le mot est doublement véridique) par nos marins, et qui apportaient de l'eau jusqu'à Sébastopol, sont en fonte de fer. Deux pompes élèvent l'eau du puits jusqu'à une plate-forme, d'où elle s'écoule par les tuyaux jusqu'à la mer, en *seize minutes*. Une de ces pompes, provenant du vaisseau le *Henri IV*, fournit facilement dix tonneaux par heure. Les deux pompes fonctionnant ensemble, peuvent en donner *quinze*. Trois chaloupes de vaisseau peuvent faire leur eau à la fois. Tout est parfaitement réglé, et nous avons obtenu là un très-grand avantage, *sans frais*, et par la seule industrie de nos marins. Je n'ai pas besoin de dire que les bâtiments du commerce profiteront, aussi bien que ceux de l'Etat, de ces précieuses facilités pour renouveler leur eau. L'aqueduc est dès aujourd'hui officiellement livré. A cette occasion, M. le vice-amiral Bruat, commandant en chef, auquel rien n'échappe, a publié un ordre du jour, pour régler le service et l'entretien des pompes et tout ce qui se rattache à cet utile établissement. »

CHAPITRE IX

Beaux traits. — Lettres diverses de simples soldats. — Mort du commandant Coué.

« Sous Sébastopol, 13 février.

« Dans la journée du 5 février, René de Fereire était de garde à la tranchée ; une bombe arriva, et cassa la cuisse d'un soldat de sa compagnie, qui tomba sous la bombe dont il ne pouvait se dégager, et qui devait le broyer en éclatant ; dans ce moment suprême, il appela à son secours son sergent-major Fereire qui, aidé d'un sergent et d'un chasseur, se précipita vers le blessé, et retira le malheureux de dessous le projectile, qui, par une protection divine, n'a pas éclaté. Fereire rendit compte du fait, mais sans parler de lui ; le sergent et le soldat ont été mis à l'ordre de l'armée et médaillés ; prévenu par le blessé, qui était à l'ambulance, que son sergent-major avait été le premier à le secourir, le colonel d'Hendecourt en parla au général en chef, il y a quatre jours, et, avant-hier, le général en chef a fait venir René, lui a pris la main et l'a complimenté, en le grondant un peu de sa modestie. »

Les Russes, lisons-nous dans une lettre, sortent de leurs embuscades pour se remuer un peu et s'échauffer; nous autres, nous les regardons, sans trop nous faire voir, pour leur cacher autant que possible les places que nous occupons; un de ces jours derniers, un Russe sort de son trou, une bouteille à la main, et nous fait signe.

Dans l'après-midi du 27 février, 5 ou 6 soldats russes étaient sortis des ouvrages en terre de la tour de Malakoff, dans le but d'enlever du bois. Un de ces soldats s'avança et exécuta, à la barbe des batteries anglaises, un pas gymnastique et une danse de caractère. Un canon fut braqué sur ces soldats pour les saluer au moment où ils rentreraient dans l'ouvrage de terre par une embrasure. Dans les batteries de Malakoff, on s'était aperçu de l'intention des artilleurs anglais, et au moment où un sergent d'artillerie, après avoir pointé son canon, allumait sa pipe à celle d'un autre artilleur, les Russes lancèrent une bombe dans l'embrasure, et elle éclata tout près du canon. Un éclat frappa le sergent au cou, déchirant la peau et la chair, et laissant les artères du cou entièrement dénudées, sans être heureusement lésées. Pendant que le docteur le pansait, le sergent, qui n'était pas blessé grièvement, disait aux artilleurs : Ne vous occupez pas de moi, mes enfants, mais surveillez bien les Russes et pointez bien. Les artilleurs pointèrent si bien qu'ils lancèrent une bombe sur les soldats russes qui rentraient; elle éclata, et elle en tua trois.

Un sergent-major, à son retour de Crimée, fait le récit suivant des hauts faits d'un soldat de dix ans nommé Kap et servant dans les lignes des grenadiers de la garde. — L'enfant suivit l'armée sur les hauteurs de l'Alma, faisant admirer sa conduite hardie pendant toute la bataille. Une bombe de 24 éclata près de lui, et l'accabla sous une grêle de feu et de projectiles, sans faire battre son cœur, sinon pour les mourants, et, nonobstant les fatigues et les dangers de la journée, il refusa à la fin de la bataille de se retirer pour prendre quelque repos. On le vit, hasardant sa vie pour ses camarades, recueillant auprès des cadavres les débris des mousquets, les employant pour faire un feu où il put chauffer de l'eau, et faisant du thé pour les malheureux blessés. Il sauva la vie au sergent Russell et à plus d'un simple soldat. C'est ainsi que le jeune homme passa sa nuit, et à Balaklava il ne démentit pas son début. Le jour il accomplissait tous ses devoirs, la nuit il travaillait à la tranchée, ne prenant presque pas de repos, et, à la bataille d'Inkermann, il fut pendant vingt minutes entouré de Russes, des mains desquels il s'échappa sain et sauf, quoique, selon sa propre expression, il avait trouvé que le cas était grave. Une balle traversa ses vêtements, mais la Providence le préserva, et avec toute la force d'âme d'un homme fait, il aida au transport des blessés; sans se reposer jusqu'à ce qu'il eût fait pour eux tout ce qui était en son pouvoir. Il assistait le médecin pendant les opérations, il assistait les blessés avant et après, s'appliquant au soulagement de tous, et quelques-uns des blessés assurent qu'ils ne doivent la vie qu'à la vigilance infatigable de ce noble enfant.

Quand on entre dans le détail des traits de charité et de courage de nos soldats, on les aime vraiment davantage...., mais il est impossible de tout dire; citons-en encore quelques-uns...

Dans l'argot militaire on appelle les zouaves *les chacals* (souvenir d'Afrique) et les chasseurs *les vitriers*. Est-ce parce qu'ils taillent force besogne à ceux-ci?

Nos soldats, si braves, n'en sont pas moins *bons enfants*, comme on dit. Le canal de pierre qui alimentait Sébastopol fut coupé dès les premiers jours du siége. Un certain nombre de femmes et d'enfants sortirent hors de la ville pour aller puiser de l'eau à la source voisine, et nos soldats les aidèrent les premiers à remplir leurs cruches et leurs gourdes.

Pendant que nous retournions au camp, dit un témoin occulaire, nous rencontrâmes deux zouaves qui venaient de ramasser parmi les morts un jeune officier russe, un enfant âgé de quinze ou seize ans au plus. Frappé à la tête d'un coup de baïonnette, il était tombé; ses gémissements avaient attiré les deux soldats qui le transportèrent à l'ambulance. L'adolescent avait les bras passés autour du cou de ses deux ennemis. Je soutins sa tête vacillante d'où le sang coulait sur ses habits Il était très-pâle, mais cette pâleur touchante donnait une grâce nouvelle à sa charmante figure. Pauvre garçon! il murmurait quelques mots que nous ne comprenions pas, mais son regard y suppléait. Sa blessure heureusement n'est pas mortelle; je l'ai revu le lendemain, et le chirurgien assure qu'il sera guéri avant quinze jours.

J'ai vu un voltigeur qui rapportait sur ses épaules un Russe à qui il avait logé une balle dans la cuisse; j'ai vu aussi un chasseur d'Afrique déchirer sa chemise et bander le bras d'un officier ennemi percé d'un coup de baïonnette. Braves gens!

La bataille gagnée, on s'occupa des blessés, dit un témoin occulaire. On eut grand soin des blessés russes. Je n'oublierai jamais les élans de générosité dont j'ai été témoin; ici, c'est un soldat français blessé offrant sa gourde à un blessé russe; là, un autre portant sur ses épaules à l'ambulance un ennemi blessé. Sur le champ de bataille même et pendant la mêlée, des soldats français s'arrêtaient pour faire boire les blessés russes.

Un soldat russe, écrit un jeune officier, un soldat auquel j'ai donné à boire un peu d'eau de ma gourde, m'a remercié d'un regard. A un second qui comprenait ma pitié pour lui, j'ai exprimé toute ma pensée par ce seul mot : *Nicolas!* Il a levé les yeux au ciel en faisant le signe de la croix, puis il est retombé.

Des soldats passent près d'un officier général étendu, le pied percé d'une balle. — Mais, s'écrient-ils, c'est un Anglais, il faut l'emporter. — Non, dit loyalement le blessé, vous vous trompez, je suis Russe. —Ah! vous êtes Russe! Eh bien, c'est la même chose, puisque vous êtes blessé; allons, camarade, un coup de main, et à l'ambulance.

Un soldat avait eu les deux bras emportés par un boulet : — «Encore s'ils m'en avaient laissé un pour manger ma soupe, mon général, » disait-il, pendant qu'on l'emportait.

Un zouave était couché sur un fourgon auprès d'un Russe. — Ah! gredin, tu m'as coupé la main droite; avec la gauche j'en tuerai et j'en mangerai. — Mais, mon brave, lui dit-on, c'est un soldat comme vous, il a fait son devoir. — Au fait, vous avez raison, je ne dois pas leur en vouloir. Tiens, vieux, une poignée

de main, et sans rancune! ajouta-t-il en lui tendant la main gauche.

Il était touchant de voir les blessés ennemis placés sur les *cacolets* avec la même précaution que les soldats français. Et ceux-ci, sur les frégates qui les transportaient tous à Constantinople, entraient gaiement en conversation avec les Russes au moyen du patois alsacien, dont beaucoup de ceux-ci pouvaient saisir quelques mots; ils se plaisaient à leur rendre, comme à des camarades, toutes sortes de bons offices.

Et maintenant les blessés ennemis voient s'empresser autour d'eux, avec l'ineffable sourire de la compassion, ces infatigables Sœurs de Saint-Vincent, providence de nos hôpitaux, sainte milice de la charité, et sur le front desquelles rayonne la céleste couronne de la virginité. Nos excellents chirurgiens ne témoignent pas moins de bienveillance aux prisonniers.

Les pauvres Russes, rongés de vermine et peu habitués à de pareils traitements, se trouvent si bien dans leurs draps blancs, qu'ils demandent, dit-on, à rester Français.

Un de nos officiers était couché à côté d'un capitaine russe, également blessé. On apporte au Français une grappe de raisin, en lui disant qu'il ne reste que celle-là dans l'office : Eh bien, alors, remportez-la; je n'en veux pas s'il n'y en a point pour mon voisin.

Voici un nouveau témoignage des nobles sentiments qu'inspire la foi catholique à l'armée d'Orient... c'est une lettre écrite par un soldat à sa mère :

« Ma mère, j'ai fait mon devoir, ainsi que vous me l'aviez tant in-culqué; avant d'aller au combat, je me suis confessé et j'ai reçu le bon Dieu comme pour mourir. Aussi je me suis battu comme un lion. Je viens de recevoir encore le saint sacrement; si la mort s'ensuit, je suis prêt à paraître devant Dieu; si

Schamyl.

je vis, je vais me battre de nouveau pour la gloire des armes et de mon pays. Tous mes confrères catholi-ques sont dans les mêmes disposi-tions. Eux aussi se sont souvenus de leurs bonnes mères, et ils ont communié avec moi. Mère, consolez-vous et consolez celles qui ont ici leurs enfants; nous sommes tous ce que vous autres mères nous avez faits, catholiques et fiers de notre patrie. »

Les dons de la France ont produit la plus douce impression sur l'armée.

II.

En attendant la bataille, dit une correspondance, nos soldats se prêtent à tout. A Kamiesch, ils sont déchargeurs; ils vont chercher au fond des cales les caisses de biscuits et de salaisons qui doivent les nourrir; ils poussent devant eux les balles de foin que leur camarades ont fauché en Algérie; ils s'interrompent pour serrer la main d'un malade qui s'embarque, d'un nouvel arrivant qui met pied à terre. Mais quelle joie, ces jours-ci, quand on vit arriver sur l'échelle de grandes et lourdes caisses avec cette étiquette : *Dons pour l'armée d'Orient.* « Ah ! m'écrit un de mes correspondants, ah ! si vous aviez vu la joie, l'entrain des travailleurs, si vous aviez entendu les gais propos ! Comme les caisses **étaient** lestement enlevées et portées dans les magasins de l'intendance ! C'est un plaisir de jeter un coup d'œil sur la plage de Kamiesch. Jamais spectacle d'une plus dévorante activité ne peut s'offrir, je crois, au regard humain. Et il ne s'agit pas seulement de caisses à charger sur des fourgons de l'artillerie; quelquefois, c'est une longue et pénible corvée pour l'armement des batteries. Jeudi dernier, j'ai rencontré une longue file de de fantassins, douze à quinze cents hommes, portant chacun deux boulets aux batteries. »

Les Anglais sont les premiers à rendre témoignage au dévouement, à l'entrain et à l'habileté de nos soldats.

Un officier anglais écrivait à sa famille : « Je vous remercie, le linge que vous m'avez envoyé est arrivé à Balaclava; il est vrai que deux fois j'ai chargé nos soldats de le prendre et ils n'ont pu trouver la caisse. Mais, rassurez-vous, je viens d'envoyer à sa recherche un zouave français, et je suis bien sûr que celui-là ne reviendra pas sans la rapporter. » Du reste cette guerre est fertile en touchants épisodes, c'est partout le même dévouement.

Une scène des plus émouvantes se passait, il y a quelques jours, au nouveau port auxiliaire de Marseille, où s'opère d'habitude l'embarquement des troupes pour la Crimée. Il s'agissait d'une cantinière qui, au moment de quitter le sol marseillais, après avoir traversé une partie de la France, paraissait en proie à la plus vive inquiétude. Quel pouvait être le sujet de son chagrin? Le voici.

Cette cantinière avait un jeune enfant qu'elle aimait avec tendresse, et qu'elle était parvenue à dérober jusque-là à toutes les investigations, pour ne pas enfreindre les règlements militaires, qui ne permettent pas, comme on sait, d'emmener en campagne des enfants en bas-âge.

Dire tout ce que cette brave et digne femme avait inventé de ruses maternelles et de stratagèmes innocents pour ne pas abandonner son fils, serait chose impossible. Encore un pas, et probablement ses efforts allaient être couronnés d'un plein succès. Mais, hélas! tout cet échafaudage de soins, de sollicitudes et de précautions, devait venir se briser contre une consigne vigilante et sévère.

Il fallait prendre un parti pourtant. Renoncer au voyage de Crimée et rester à Marseille n'était plus possible à la cantinière; d'un autre côté, pouvait-elle laisser son enfant sans protection et sans appui, dans une ville inconnue pour elle? Or, la pauvre mère en était là de ses angoisses, lorsqu'une femme du peuple, une vendeuse d'oranges, venue sur le quai pour débiter sa marchandise, et dont la sensibilité s'était émue en face d'une si grande douleur, s'approche de la cantinière, et, saisissant affectueusement sa main, lui dit en langue provençale: « Vaï, ploures pas, ma boueno! lassio-mi ton enfant. Se revenes, ti lou rendraï; se revenes pas, lou gardaraï, émé leï miou; n'aï déjà quatre, maï es égaou, fara dou cinquiémé, et Diou nous ajudara. »

Si le soldat français est brave, il est probe aussi. — On lit dans l'*Aigle, Courrier du Midi :* « Un jeune soldat, enfant des environs de Toulouse, écrit à sa famille une lettre dans laquelle il raconte à sa manière les événements de la nuit du 23 mars. Nous publions quelques passages de cette lettre, presque héroïque à force de naïveté :

« La Providence veut qu'aujourd'hui j'aie encore le plaisir de vous écrire. Hier, j'étais de garde aux tranchées, à vingt pas au-dessous d'une batterie française. Il faisait un temps superbe, un clair de lune magnifique.

« A onze heures du soir, on me met en sentinelle avancée. On nous place deux ensemble, couchés à côté l'un de l'autre à plat ventre. Défense de tirer et de crier : Qui vive! Si on aperçoit les Russes, on se replie sur le poste en toute hâte, sans rien dire; on prévient à voix basse que les Russes arrivent. On les attend à bout portant, *à seule fin* d'être bien sûr de son homme, et à la baïonnette tout de suite. Les Russes craignent la baïonnette comme le feu. Enfin, nous sommes tous deux, mon camarade et moi, couchés à plat ventre. Tout à coup les embuscades s'attaquent. Les Russes sortent de la ville; la batterie que nous gardions fait feu sur eux tout de suite. La tour Malakoff et la marine russe tirent sur nous. Jamais je n'avais vu chose pareille : on voyait les bombes en l'air aussi nombreuses que les étoiles.

« Le feu a duré deux heures. Nous étions restés, mon camarade et moi, en faction sous le feu croisé de nos batteries et des batteries russes. Nous n'aurions pas dû en revenir, car les Russes tiraient sur notre batterie et visaient trop bas, de sorte que leurs boulets venaient s'enterrer à côté de nous. Plusieurs fois nous avons été couverts de terre.

« Ce qui me faisait de la peine, c'était de me laisser tuer comme cela sans tirer un coup de fusil. Cependant le feu ayant cessé, on vint nous relever.

« On croyait nous trouver en charpie, car du haut de la tranchée on nous avait crié de remonter; mais nous n'avions pas entendu.

« Il n'y a que la Providence qui ait pu nous sortir de là. Notre bataillon n'a perdu qu'un seul homme. Les Russes étaient 12,000 et nous 3,000 seulement. Les Russes jettaient des cris comme des bêtes féroces. On les enivre d'eau-de-vie; sans cela, on n'en peut rien faire.

« Nous viendrons à bout de Sébastopol, et après cela toute la Crimée est à nous. Deux cent mille hommes peuvent y vivre. Il y a encore des vignes superbes que nous avons conservées, et dont nous espérons bien manger les raisins.

« En attendant, nous sommes très-bien vêtus et bien nourris, et je compte vous serrer la main à mon retour. »

Maintenant donnons la parole au simple soldat.

Voici ce que l'un d'eux écrivait à sa mère.

« Je vous dirai qu'il y avait à 100 ou 120 mètres de notre tranchée un fanion-jalon que les Russes avaient placé là pour tirer à ricochet sur une de nos batteries, et déjà dix ou douze de nos artilleurs avaient perdu la vie et deux de nos pièces étaient hors de service; il fallait donc à toute force enlever ce point de mire; mais, pour tenter ce coup, il fallait pouvoir trouver un homme qui voulût se sacrifier, se résoudre presque à perdre la vie; car on devait se glisser sous un feu nourri de trente-deux bouches à feu.

« Cependant il y avait une chance à courir; il y avait là d'énormes blocs de pierre qui pouvaient me mettre à couvert du feu de l'artillerie; mais aussi je pouvais tomber dans une embuscade d'un poste russe avancé, me faire faire prisonnier, ou bien me faire tuer par une sentinelle avancée.

« Depuis vingt minutes à peu près, mon lieutenant était à parler avec un chef d'escadron d'artillerie qui lui demandait si, parmi les tirailleurs, il ne connaissait pas un homme capable de s'acquitter de cette mission; il lui dit qu'il se chargeait de lui trouver l'homme qu'il lui fallait, car il est bon de vous dire que, depuis quatre mois, je fais partie des tirailleurs francs-tireurs, dont on parle tant en France.

« Enfin, le chef d'escadron vint vers moi et me conta l'affaire. Cinq minutes m'ont suffi pour réfléchir à ce que j'avais à faire. Je pensai à vous, mon excellente mère, et à ma petite sœur Manette, car je n'étais pas sûr de vous revoir... Enfin, je vole par-dessus la tranchée, je me dirige vers le but désigné... Le cœur me battait avec force... Je prends le jalon dans mes bras, je le secoue avec bien de la peine, et je parviens à l'arracher de terre... Mais, au moment où le point disparaissait à l'horizon, une détonation terrible se fit entendre, et une grêle de balles et de mitraille vint pleuvoir sur ma tête.

« Je me sauve avec la rapidité d'un lièvre, mon trophée sur l'épaule ; je tombe dans les bras de mon lieutenant, qui me reçoit avec toutes sortes de démonstrations d'amitié.

« Un rapport fut fait de suite au général en chef, et je fus cité à l'ordre du jour de mon bataillon et de toute l'armée, pour mon sangfroid et mon courage.

« Je ne vous dirai pas ce que je ressentis lorsque je m'entendis proclamer pour la décoration, j'étais fou de joie ; et si Dieu a la bonté de me préserver d'un malheur le jour de ce terrible assaut, j'espère aller me reposer au foyer maternel.

« Tout à vous et pour toujours,

« Votre fils, Victor PICAULT. »

Enfin si le soldat français sait combattre, souffrir et se dévouer, il sait surtout bien mourir.

Je laisse parler un des aumôniers de l'armée d'Orient :

Constantinople, 27 janvier 1855.

« Monsieur,

« J'ai la douleur de vous annoncer la mort du commandant Coué... et de vous donner en même temps sur la fin de ce brave militaire des détails édifiants qui contribueront, je l'espère, à adoucir la douleur de sa famille.

« A l'époque de mon retour ici, le commandant était en pleine convalescence ; la plaie de son bras était presque entièrement cicatrisée. Ses forces épuisées par l'opération qu'il avait subie et par la maladie qui en avait été la suite, semblaient lui revenir tous les jours, et tout annonçait un retour complet et prompt à la santé.

« J'avais occasion de voir votre cousin fréquemment, bien qu'il n'habitât plus l'hôpital de Péra. Il me parlait souvent de vous... Au témoignage de tous les médecins, il était en état de supporter la traversée, et toutes les fois que je le rencontrais, je le pressais de partir et de fuir le foyer de la contagion, formé ici par le grand nombre de malades.

« La semaine dernière, je lui avais rendu une visite pendant laquelle il m'avait paru plus fort que jamais ; quelques heures après cette visite, il ressentit un léger frisson, puis un embarras de poitrine : les médecins crurent d'abord à une pleurésie ; mais on ne tarda pas à reconnaître que la plaie s'était rouverte, qu'il s'était établi une suppuration à l'intérieur sur la poitrine.

« Je fus prévenu aussitôt de cet accident; mais j'étais tellement occupé auprès des nombreux convois de malades qui arrivaient de Crimée, qu'il me fut impossible de me rendre auprès du commandant. J'étais, du reste, parfaitement rassuré, sur la parole du médecin en chef de l'armée, que j'avais rencontré et qui m'avait dit que la maladie ne présentait aucun danger pour le moment. Lorsque mercredi dernier, 24 du courant, à neuf heures du soir, le domestique du commandant arrive en toute hâte dans ma chambre, et me dit d'une voix émue :

« Monsieur l'aumônier, venez voir le commandant, il est bien mal, il vous réclame. » Il était tard, le temps affreux, la distance considérable. Le commandant Coué, sur son lit de douleur, calculait toutes ces difficultés, et disait à la Sœur qui veillait près de lui : « Je suis désolé de déranger M. l'aumônier à cette heure, mais je crains de ne pas passer la nuit, et je ne voudrais pas mourir avant de me réconcilier avec Dieu. »

« Lorsque j'entrai dans la chambre du malade, je fus frappé de la décomposition de ses traits. Je conclus dès lors qu'il n'y avait plus d'espoir de le rappeler à la vie. — Il tenait dans la main gauche, la seule qui lui restât depuis l'amputation qu'il avait subie, un crucifix que la Sœur lui avait donné.

« J'en pris occasion pour l'engager à supporter patiemment ses peines, à l'exemple de Jésus-Christ crucifié. « Oh ! monsieur l'aumônier, me dit-il, ce crucifix est mon unique consolation !... » Pendant plusieurs jours qui suivirent il avait constamment ce crucifix dans sa main et sur sa poitrine.

« Le général Larchey, l'intendant général, M. Benedetti, chargé d'affaires de France, M. Levi, médecin en chef de l'armée, vinrent le visiter successivement; tous remarquèrent ce crucifix auquel le commandant semblait tenir tant, et tous furent singulièrement édifiés.

« Je n'eus pas de peine à décider notre cher malade à se confesser. — Cette confession fut longue, bien que je fisse tous mes efforts pour l'abréger, à cause de l'état de faiblesse où il se trouvait; mais il voulait, disait-il, n'avoir rien à se reprocher dans un acte aussi important. Lorsque j'entrai dans sa chambre pour lui administrer le saint viatique, il se découvrit la tête et commença à réciter à voix basse quelques prières... Il reçut le Saint des saints et l'extrême-onction avec des sentiments de foi et de piété qui édifièrent singulièrement toutes les personnes qui assistaient à cette cérémonie.

« Au moment où je le quittai pour retourner à l'hôpital, je lui dis : « Vous voilà bien content, mon commandant ? — Ah ! monsieur l'abbé, me répondit-il, d'une voix émue, oui, je suis content; je n'ai jamais été si heureux de ma vie... Je mourrais sans aucun regret si je ne laissais après moi une femme et deux enfants en bas-âge...» Puis me serrant vivement la main, il ajouta : « Je vous remercie bien d'être venu; si je ne vous avais pas vu ce soir, je crois que je serais mort par la crainte de mourir avant d'avoir reçu les sacrements de l'Eglise. »

« Pendant tout le reste de la nuit, il exprima les mêmes sentiments de foi et de piété à la Sœur qui le veillait, et pria presque continuellement.

« La veille de sa mort, une Sœur, après avoir prié quelques instants auprès de son lit, lui disait : « Priez bien la Sainte-Vierge et sainte Anne, la patronne des Bretons, afin qu'elles vous obtiennent la grâce de votre guérison. — Oui, répondit-il, sainte Anne, c'est la mère de la Mère des pauvres affligés... Je la prie d'intercéder pour moi, afin que je sois rendu à ma femme et à mes chers enfants. »

« Un jeune chef de bataillon, M. Cornalier, de Nantes, qui se trouvait dans le même hôpital, lui avait envoyé de l'eau de la Sallette; il en but avec confiance, en se résignant à la volonté de Dieu.

« Samedi, vers trois heures de l'après-midi, le général Larchey entrait dans sa chambre pour lui annoncer qu'il venait d'être nommé lieutenant-colonel. Cette nomination, qu'il avait attendue avec tant d'impatience, parut lui faire le plus vif plaisir.

« C'est bien tard pour moi, répondit-il; mais je suis reconnaissant au gouvernement d'avoir pensé à moi, et surtout à ma veuve et à mes enfants.

« Enfin dimanche vers midi, je fus savoir de ses nouvelles, il me reconnut parfaitement. Je lui fis compliment sur sa promotion, lui adressai quelques paroles d'encouragement et me retirai. Il n'y avait pas cinq minutes que je l'avais quitté, lorsque son domestique accourut en toute hâte nous annoncer qu'il se mourait... J'eus le temps de lui donner une dernière absolution, et pendant que je récitais les prières des agonisants il rendit le dernier soupir.

« Aujourd'hui ont eu lieu les obsèques du commandant Coué. Le général Larchey a prononcé sur sa tombe l'éloge de ses vertus militaires. Hier, dans une assemblée nombreuse, composée de soldats et d'officiers de tous grades, j'ai parlé des sentiments religieux qu'il avait manifestés dans sa dernière maladie; mes paroles ont été accueillies avec la plus vive émotion et j'ai vu bien des larmes couler autour de moi.

« Le commandant Coué était universellement estimé. Tout le monde faisait l'éloge de son étonnante énergie de caractère et de ses

vertus guerrières. Ses derniers moments ont été marqués par des grâ-
ces si extraordinaires, que je ne puis
douter un instant de son salut.

« Ah ! qu'elle est douce et belle la
mission que nous avons à remplir
auprès de notre admirable armée
d'Orient ! Si les fatigues sont parfois
excessives, comment ne disparaî-
traient-elles pas en présence des
consolations que nous éprouvons
auprès de nos braves mourants ?

« P. GLORIOT. »

CHAPITRE X

Les Turcs et les Français à Eupatoria. — Omer-Pacha. — Combats. — Deux assauts. — Mort
de Sélim-Pacha.

Eupatoria est une ville, chef-lieu
de district de la Crimée... Elle n'a-
vait pas d'abord attiré l'attention
des généraux alliés ; mais ils ne tar-
dèrent pas à reconnaître l'importance stratégique de ce point. On
pouvait de là inquiéter les Russes à
Pérecop, Batchi-Seraï et Simphéropol. Ils y envoyèrent en qualité de
commandant supérieur le chef d'escadron d'état-major Osmont, qui
prit possession de la ville avec deux
compagnies du 30ᵉ de ligne et deux
compagnies d'infanterie de marine.
De concert avec le capitaine de génie Fervel, il fit établir une enceinte
continue, construire et armer des
batteries, élever des redoutes fer-
mées. Du côté de l'est, où s'étendait
le grand lac Saki, on amena ses eaux
dans un large fossé, en attendant
qu'on eût terminé des épaulements
et des redans.

La population d'Eupatoria n'était
habituellement que de neuf mille
Tartares, Grecs ou Juifs caraïtes,
admis au commerce des bestiaux et
des peaux d'agneau qu'on appelle
vulgairement peaux d'Astrakan. La
crainte des Russes y amena près de
trente-cinq mille paysans, qui cam-
pèrent sur les places, dans les rues,
dans les bergeries abandonnées ;
c'étaient là des hôtes assez incom-
modes. Les adultes avaient des houp-
pelandes grises comme celles des
soldats russes et des colbaks de peau
de mouton, mais les enfants allaient
complétement nus. Dénués de toute
ressource, ces malheureux, pour se
procurer du bois de chauffage, dé-
peçaient les toitures des maisons et
les embarcations tirées sur la plage.
Ils tuaient et mangeaient les jeunes
chevaux, et l'on voyait même, assure le correspondant du *Constitu-*

tionnel, des familles affamées dévorer des charognes, qu'ils ne prenaient pas la peine de faire cuire.

Le commandant Osmont vint au secours des Tartares, il leur distribua des vivres, les soumit à une discipline, et les voyant animés contre les Russes il les organisa en milice: ils rendirent ainsi de véritables services. Des vedettes à cheval, chargées de protéger les troupes dans la campagne, furent plusieurs fois engagées avec les postes ennemis, et s'en firent tellement res-

Constantinople.

pecter que les Russes prirent le parti de faire soutenir toutes leurs grand'gardes par des pièces de canon.

Des corps de hulans, de Cosaques du Don, de dragons et de lanciers, dont le quartier général était à Vraz, rôdaient sans cesse autour d'Eupatoria, mais sans rien tenter de sérieux. Ils laissèrent imprudemment s'élever les fortifications et arriver les troupes ottomanes. Dix mille hommes débarquèrent sans obstacle au commencement de janvier, ayant à leur tête Behram-Pacha et Tiffik-Pacha, beau-fils d'Omer. Un autre détachement de treize cents hommes fut amené par le férik Mehemet-Pacha. L'escadre turque, commandée par Ahmed-Pacha, quitta Constantinople pour aller à Varna prendre de nouveaux renforts; elle fut secondée par des vaisseaux français et par les bateaux à vapeur anglais *le Jason, la Semele, le Kanguroo, la Nubia, le Simoun* et *l'Industry.*

Omer-Pacha présidait à l'embarquement des troupes choisies parmi
les meilleures de la Turquie. «Parfaitement échelonnées, dit le correspondant de la *Presse*, elles arrivaient
par les routes de Choumla, Silistrie
et Roustchouck, passaient tout au
plus un jour sous la tente et étaient
immédiatement embarquées.

« Leur journée de passage à Varna
était bien employée : chaque bataillon était passé en revue par Omer-
Pacha, qui inspectait soigneusement les moindres détails de l'u-
niforme. Toute partie de l'habil-
lement ou de l'équipement un peu
usée était immédiatement rem-
placée par du neuf. Le lendemain,
au moment du départ, le maréchal
arrivait encore, passait une nouvelle inspection, et se rendait souvent à bord des bâtiments prêts à
partir.

« Omer-Pacha a profité des écoles que nous avons faites en Crimée.
Ses hommes sont admirablement
parés pour le froid. Le séraskier a
envoyé ici d'immenses quantités de
vêtements d'hiver. Chaque homme
porte par-dessus son uniforme une
sorte de paletot de peau de mouton,
et, par-dessus ce vêtement, une
veste capote en bon drap gris blanc,
des houseaux fourrés, un large capuchon qui s'attache par derrière
au moyen de brides croisées sur la
poitrine, et une bonne paire de
gants en grosse laine bleue, comme
ceux de nos rouliers de France.

« Aussi ces troupes sont-elles fanatiques d'Omer-Pacha. Le pacha,
qui les connaît, qui les aime, qui
sait les manier, exploite habilement
leur dévouement pour lui. Je ne suis
plus étonné des prodiges de la campagne du Danube. Un grand nombre
de ses soldats portent des médailles
commémoratives de leurs beaux
faits d'armes. Les Égyptiens surtout
sont fort beaux comme ensemble ;
ils ont plus de vivacité, plus de diable au corps que le soldat turc. La
tenue est en général excellente ; elle
accuse des soldats habitués à la vie
de campagne, de vrais troupiers
enfin. Omer-Pacha a une réputation
de sévérité bien méritée : aussi la
discipline est exemplaire.

« Omer-Pacha est âgé de quarante-cinq ans, rompu à la fatigue,
d'une stature ramassée, très-vif,
très-ingambe. Je l'ai vu, se trouvant
loin de ses gens, aux environs de
Varna, où il faisait préparer un campement de cavalerie, sauter d'un
bond sur un cheval non sellé. Le
corps des officiers a été lui faire une
visite. Il nous a reçus aussi bien que
possible. Il a l'air un peu rude,
rogue même et tout à fait sans façon ; cela déplaît fort aux Anglais,
mais nous autres nous sommes enchantés de ses manières. »

Par les soins d'Omer-Pacha de
nouvelles forces furent dirigées sur
Eupatoria, où, dès la fin de janvier,
on comptait près de trente mille
hommes dont le correspondant du

Moniteur, M. Alfred Launoy, a tracé le portrait suivant :

« En parcourant l'armée ottomane d'Eupatoria, on reconnaît facilement les vieilles bandes du Danube et de Silistrie. Elle est bien vêtue, bien armée, bien nourrie. Le soldat turc porte comme vêtement, indépendamment de son pantalon et de sa veste en drap bleu ordinaire, un paletot en peau de mouton sans manches, des jambières bien chaudes et une excellente capote grise avec un capuchon séparé.

« La plupart d'entre eux ont pour chaussures des morceaux de peaux de bœuf en forme de sandales, qui leur entourent les pieds et qu'ils préfèrent aux souliers. Ils les fixent au moyen de courroies qui les maintiennent solidement.

« L'armée d'Eupatoria se compose en très-grande partie d'une classe d'individus appelés *rédifs;* ce sont des hommes ayant déjà fait campagne, et qui, d'après les lois de leur pays, peuvent être encore appelés sous les drapeaux ; ce sont d'anciens soldats possédant l'habitude de la guerre. Ils sont sobres, patients, habitués à la fatigue, aux privations, et industrieux pour les travaux et les détails de la vie militaire.

« Les Turcs ont parmi leurs troupes plusieurs bataillons de tirailleurs armés de carabines à tige données par la France : ils s'en servent avec beaucoup d'adresse.

Ils portent une tunique semblable à celle de nos chasseurs à pied, et ont pour coiffure une toque verte très-épaisse, bordée d'une peau de mouton noire comme les bonnets tatars. Cette coiffure constitue un essai nouveau : il est question de l'adopter pour toute l'armée ottomane en remplacement de la calotte rouge ou fez, incapable de préserver la tête des soldats contre les coups de sabre ou de baïonnette.

« Les Egyptiens sont regardés comme les meilleurs soldats de l'armée d'Eupatoria. Ils avaient la même réputation pendant la campagne du Danube, et on sait qu'ils ont soutenu presque en entier le poids de la célèbre défense de Silistrie. Ils ont la figure beaucoup plus foncée que les soldats turcs; leur costume est le même pendant l'hiver, mais l'été ils portent la veste blanche au lieu de la veste bleue. Comme ils parlent arabe et qu'ils n'ont pas la même langue que les Turcs, ils ont peu de rapports avec ces derniers et vivent entre eux.

« On ne les appelle dans le pays et dans l'armée que les Arabes. Leur manière de combattre se rapproche beaucoup de celle de ces peuples guerriers, au courage et à l'énergie desquels ils joignent l'intelligence de la discipline. Les soldats français leur inspirent une estime toute particulière, et ils cherchent sans cesse à les imiter. »

Dans la nuit du 16 au 17, les

Russes, profitant de l'obscurité, firent autour de la place, à grand renfort de bras, une espèce de parallèle en terre rapportée, dans le but de mettre à l'abri leurs pièces et leurs tirailleurs. Cette parallèle courait de l'ouest à l'est, passant à quatre cent mètres de notre batterie de la *Couronne des Moulins*, et à sept cent mètres de la place. Elle se composait d'une série de travaux éloignés les uns des autres de vingt à trente mètres, et pouvant couvrir une pièce avec ses servants. Dans l'intervalle, on avait creusé des trous pour les tirailleurs.

Ces préparatifs faits avec la prestesse ordinaire des Russes à remuer la terre, une centaine de batteries furent mises en place, et à cinq heures et demie du matin quatre-vingts pièces de canon ouvrirent leur feu contre la ville. Au bruit des détonations, les habitants tartares, grecs, juifs, s'entassèrent sur les toits pour assister au spectacle du combat. Déjà les troupes ottomanes et alliées étaient à leur poste. Les meilleures dispositions avaient été concertées entre le généralissime Omer-Pacha, le commandant français de la place et les capitaines des navires anglo-français sur rade. M. le lieutenant de vaisseau Las Cases commandait une des batteries avancées; la batterie n° 5 et la batterie de Villeneuve, que commande l'ouvrage dit la *Couronne des Moulins*, étaient armées des pièces de marine du *Henri IV*,

dirigées par des officiers de vaisseau et servis par des marins : la compagnie des fuséens apprêtait ses fusées à la Congrève.

Les projectiles lancés par les canons russes arrivaient jusqu'à la mer. Derrière l'artillerie des Russes se montrait une ligne de cavalerie, formée par six régiments aux ordres du général Korff; puis seize régiments d'infanterie que commandait le général Osten-Sacken.

Après plusieurs heures d'une furieuse et inutile canonnade, l'attaque se dessina : elle avait d'abord appuyé à gauche; mais, trouvant de ce côté des préparatifs formidables, elle se porta à l'autre extrémité, vers les quatre cimetières qui bordent le lac Saki. Sans respecter la sainteté du lieu, sans respect pour les tombes monolithes de marbre ou de granit, les tirailleurs russes s'embusquèrent dans le cimetière où reposent les familles israélites de toute la Crimée. Là se formèrent deux colonnes d'assaut. La première se composait de volontaires grecs et bulgares, corps récemment formé, qui portait la classique fustanelle, et dont une croix blanche ornait par-devant la calotte grecque.

Ils s'avancent; mais un obstacle qu'ils n'ont pas prévu les arrête : le fossé est rempli par les eaux du lac, dont ils ignorent la profondeur. Tandis qu'ils hésitent, une fusillade terrible les foudroie; ils tourbillonnent en désordre et s'enfuient.

Les officiers poussent à l'assaut une seconde colonne munie de madriers pour franchir le fossé, et d'échelles pour escalader les parapets. Elle arrive jusqu'au bord du fossé, malgré la grêle de balles qui la décime. On fait passer de main en main les échelles, les madriers. Les Turcs s'apprêtent à soutenir une lutte corps à corps sur la crête des parapets; mais les planches ne peuvent fournir un passage, elle sont trop courtes pour la largeur du fossé, ou, s'il s'en trouve d'assez longues, elles ne rencontrent pas de point d'appui contre la muraille qui descend au fond du fossé. La seconde colonne d'assaut est forcée à son tour de battre précipitamment en retraite. En se retirant elle est chargée à la baïonnette par un bataillon turc sorti par la droite, et, après une lutte acharnée, plus de cent Russes sont impitoyablement égorgés dans le cimetière.

« Ce jour-là, Iskender Bey (Jedlinski) avait tenté une reconnaissance dans laquelle il a été arrêté par des forces ennemies bien supérieures. Il n'avait que 400 cavaliers, dont 100 bachi-bouzouks, d'une bravoure éprouvée. Iskender-Bey n'hésita pas à se jeter sur les quatre escadrons qu'il avait devant lui, et une mêlée furieuse s'engagea, dans laquelle il a été très-grièvement blessé à cinq reprises. Il a fallu l'amputer d'un doigt; il a de plus un coup de lance très-dangereux dans la poitrine et un coup de sabre sur le front.

« Un autre coup de sabre lui a coupé trois doigts. Malgré ses blessures, Iskender-Bey a eu l'énergie suffisante pour rallier ses troupes; il a perdu 12 hommes; les Russes ont eu trente hommes tués ou blessés. Iskender-Bey est un officier du plus grand mérite; il a fait depuis six ans toutes les campagnes d'Omer-Pacha; il était connu pour son intrépidité et une audace qui ne connaissait pas de bornes. »

A la date du 12 mars, un officier écrivait :

« Les travaux d'Eupatoria prennent une extension immense : toute une armée y travaille jour et nuit. Les ingénieurs français et turcs rivalisent d'ardeur. Les Turcs, si célèbres dans l'histoire pour leurs patanques, c'est-à-dire leurs fameux camps retranchés, en élèvent un dont les Russes auront des nouvelles, s'ils osent encore se représenter. On dirait, cependant, qu'ils se radoucissent depuis la fameuse nouvelle qui doit en ce moment agiter toute l'Europe.

« Quoi qu'il en soit, désireux d'apprendre aux avant-postes russes la grande nouvelle, la mort de l'Empereur Nicolas, des officiers polonais au service de la Porte sont allés se promener sur les tumulus, où stationnent les vedettes turques, et ont agité leurs mouchoirs blancs. Les Russes se sont peu à peu approchés, et quand ils ont été à portée de la voix, on leur a crié en russe : « Voulez-vous causer un moment? nous avons bien des choses à nous dire. » Une voix a répondu en fort bon Français : « Mais, parlez donc plus haut, on ne vous entend pas ! » On a élevé le ton, et, une minute après, le général de division prince Radzivill reconnaissait dans Sefer-Bey (le colonel Kozielski) un compatriote, un compagnon de plaisir, presque un ami. On s'est offert des cigares, on a parlé de l'ennui du blocus, du boulevard des Italiens, de l'Opéra.

« Mais c'est une abominable steppe que les environs d'Eupatoria, disait un jeune blondin ; pour mon compte, je m'y ennuie à périr. Ah ! quand pourrons-nous revoir Paris ! » Alors on a parlé de l'événement du jour : Messieurs du blocus ne savaient rien, sinon que la santé de Sa Majesté laissait beaucoup à désirer. Ils avaient appris la maladie par Sébastopol et se refusaient à croire à ce dénouement.

« On s'est donné rendez-vous pour le lendemain, et comme on ne pouvait se lasser de causer, le surlendemain encore il y a eu conférence quasi-amicale. On a appris, dans cette dernière entrevue, que les officiers russes manquaient de vin et de tabac, et, quelques heures après, trente sacs de tabac et je ne sais combien de bouteilles de bordeaux étaient en route pour le camp du général Radzivill. Je vous laisse à deviner qui a fait l'envoi (Omer-Pacha). Mais comme il faut que quelqu'un trouble toujours la fête, un capitaine de la milice tartare au service des Turcs, lequel n'était probablement ni buveur de vin ni fumeur, a profité de la circonstance pour déserter aux Russes, à la barbe des conférants. Le réclamer eût amené une bataille peut-être, on a laissé aller en paix l'indélicat Tartare. »

Un supplément au rapport du 21 février, est ainsi conçu :

« C'est par une omission que le général en chef s'empresse de réparer, que le détachement du corps du génie aux ordres du capitaine Fervel n'a pas été compris dans la liste de ceux que signale l'ordre général du 21 février, comme ayant efficacement concouru à la défense d'Eupatoria.

« *Le général en chef*, CANROBERT. »

C'est justice rendue à de braves gens qui, depuis le 1er décembre, n'ont pas pris un seul jour de repos, qui malgré la rigueur d'un hiver russe, ont constamment passé sur le terrain leurs journées entières, conduisant tous les ateliers. Leur chef a seul tracé et dirigé tous les travaux. Sur sa proposition, un sous-officier de ce détachement a été décoré.

Dans la journée du 17, les sapeurs n'ont pas fait, il est vrai, le coup de feu, ce n'était pas leur rôle ; mais, le fusil en bandoullière, armés de pelles et de pioches, chargés de sacs à terre, portant des chevaux de frise, et leur capitaine en tête, ils attendaient, derrière des murailles ébranlées par le canon, les colonnes d'assaut.

CHAPITRE XI

Mort de l'Empereur Nicolas. — Quelques détails sur sa vie. — Fragement du Testament de Pierre Iᵉʳ. — Article du *Moniteur*.

Dans les premiers jours de mars, un bruit inattendu se répandit tout à coup : l'Empereur Nicolas est mort..! On doutait, on s'interrogeait, on attendait. En effet, le Czar de toutes les Russies n'était plus; l'auteur de la guerre et de tant de calamités avait paru devant le tribunal de Dieu.

Il est bon que la France connaisse ce puissant adversaire, cet homme qui a rempli l'univers de son nom, de désolation et de carnage. Quelques traits de sa vie diront ce qu'il était.

Nicolas n'étant encore que grand-duc passait en revue sur la place publique de Wilna les régiments qui composaient la garnison de cette capitale de la Lithuanie. Pendant le cours de cette revue, le czarewitsch remarqua, avec ce coup d'œil infaillible que ses courtisans appelaient le regard de l'aigle, plusieurs manquements à la discipline et aux règlements : c'était un bouton mal cousu, un pantalon mal tiré, un atome de poussière qui déshonorait un uniforme ou ternissait une buffleterie, une baïonnette mal astiquée, un temps mal compris, un mouvement mal exécuté et autres crimes de cette importance commis par quelques pauvres soldats oublieux ou maladroits.

Nicolas avait pour les méfaits de cette nature une mémoire implacable, et quand la revue fut terminée il ordonna à tous les délinquants, dont il avait scrupuleusement retenu les numéros d'ordre, de se représenter sur la place de manière à lui tourner le dos, tandis que le reste de la troupe continuait à lui faire face. Tirant alors un morceau de craie de sa poche il inscrivit le chiffre 200 sur le premier dos, 250 sur le second, 300 sur le troisième, et ainsi de suite, ayant grand soin, avec le sentiment d'équité dont il se piqua constamment, de proportionner le chiffre à l'importance de la faute. Puis quand tous les délinquants furent ainsi marqués, il leur ordonna d'aller toucher le montant de la somme qu'ils portaient inscrite sur le dos. Le payement ne se fit pas longtemps attendre; c'étaient des coups de knout pour lesquels le czarewitsch avait fait tous ces bons au porteur, et l'on sait assez avec quelle scrupuleuse exactitude le gouvernement russe paye les dettes de cette nature.

Un jour, à Peterhoff, pendant une des fêtes nationales où le peuple russe, admis dans le palais de ses maîtres, a le droit d'approcher et de contempler à son aise l'empereur et la famille impériale, Alexandre et l'impératrice son épouse se tenaient avec toute leur cour dans une galerie qui avait vue sur la mer. Les deux augustes époux, qui étaient venus chercher en ce lieu un refuge contre l'enthousiasme de la multitude qui se pressait dans les salons, conversaient familièrement avec quelques gens du peuple, quand tout d'un coup ils virent le cercle s'élargir autour d'eux et des soldats armés repousser brutalement tous ceux qui essayaient de se rapprocher des personnes impériales.

— «Que signifie cela, et d'où vient cette violence?» demanda-t-on de toutes parts.

— «C'est le grand-duc Nicolas qui arrive,» fut-il répondu.

C'était lui, en effet. Il traversa d'un pas rapide l'espace que ses soldats avaient rendu libre, s'approcha de la fenêtre, se pencha sur le balcon et considéra quelques instants la mer avec un regard sombre, puis il traversa de nouveau la foule de son pas égal et militaire sans avoir salué personne et sans que personne aussi eût accueilli son arrivée ou son départ par un cri d'enthousiasme ou par un vivat d'amour.

L'écrivain russe auquel nous empruntons cette scène croit suffisamment justifier Nicolas en disant que le grand-duc n'aimait pas à frayer avec le peuple; mais ces goûts misanthropiques et ces penchants aristocratiques ne suffisent pas pour excuser un prince, qui, mis par la Providence à la tête des peuples, aurait dû rechercher toutes les occasions de s'instruire de leurs misères et de leurs besoins au lieu de les tenir à distance par son orgueil démesuré et sa sévérité excessive.

L'empereur de Russie avait un favori, c'était le comte Orloff : voici comment le juge M. Callet de Kultuve qui a longtemps habité la Russie.

« Nicolas avait fait du comte Orloff l'exécuteur de ses œuvres hautes et basses, dit quelque part cet écrivain, qui paraît connaître parfaitement la cour de Saint-Pétersbourg, le confident de ses projets et de ses pensées secrètes, et cette grâce du maître fut reconnue de la part du sujet par une obéissance aveugle, presque sauvage. Il fut pendant vingt-cinq ans le favori en titre de l'empereur. Chargé de la direction

générale de la police, on conçoit aisément quelle autorité incombe à
l'homme qui dispose de la formida-
ble action d'une surveillance qui
enlace le pays tout entier dans ses
ramifications innombrables, qui
suit le général en croupe, veille dans
le cabinet du ministre, emplit la
chancellerie de l'ambassadeur, dort
sous le même toit que le gouverneur
de province, se tient invisible et debout dans la cabane du paysan,
dans le château du prince, dans la
cellule du moine, derrière l'autel où

Prisonniers russes.

le prêtre officie, et a une grande
partie de la nation, toute la Russie
officielle, pour auxiliaire et pour
complice.

« Nul ne fut plus craint que le
comte Orloff, si ce n'est le tzar lui-
même. Cette impression tient autant
au caractère de l'homme qu'à celui
de ses fonctions. Le *satrape*, comme
on l'appelle à Saint-Pétersbourg,
est doué d'une brutalité organique,
qui effraye ses inférieurs et irrite ses
égaux. C'est le seul personnage de
l'empire qui puisse se vanter d'être
plus insolent que le prince Mentschikoff, ministre de la marine, dont les

hauts faits en matière d'arrogance sont de notoriété universelle. »

. Maître de la Pologne le czar l'a écrasée; néanmoins il avait promis autre chose. Lors de son couronnement comme roi de Pologne, il prononça ces solennelles paroles :

« Que mon cœur, ô mon maître et mon Dieu, soit dans ta main, et que je puisse régner pour le bonheur de mes peuples et pour la gloire de ton saint nom, d'après la charte octroyée par mon auguste prédécesseur et déjà jurée par moi, afin que je ne redoute pas de comparaître devant toi au jour de ton jugement éternel !

« Dès les premiers mois de l'année 1832 on rencontrait sur les routes de la Russie de longues colonnes de Polonais de toute condition, qui, enchaînés dix par dix, étaient conduits à pied en Sibérie. On calculait déjà à cette époque que plus de soixante mille Polonais avaient été ainsi envoyés dans les déserts glacés de la Russie asiatique.

« Les confiscations ne s'étaient pas non plus fait attendre, les listes que nous avons sous les yeux commencent à l'année 1832; elles contiennent plus de cinq mille noms.

« C'est surtout en lisant ces états de confiscations qu'on voit jusqu'à quel point l'Empereur Nicolas a poussé l'esprit de vengeance et de persécution. Nous voyons par exemple, la comtesse Malachowska dépouillée de ses biens *pour avoir ré-* *sidé en Pologne avec son mari,* suivant les propres termes du décret impérial; nous voyons M. Ruczynski perdre les siens *parce que son fils était dans le royaume de Pologne* pendant la révolution; M Roniker subit la confiscation *parce que son fils était dans les écoles du royaume de Pologne;* M. Miaskowski est ruiné *parce que son fils s'était joint aux insurgés;* madame Zagorska est réduite à la misère *pour avoir passé en Gallicie sans la permission du gouvernement;* madame Wydzga est spoliée *parce que son fils a passé dans le royaume de Pologne;* l'empereur dépouille M. Pruszinski de sa fortune *parce que son fils est en Autriche;* M. Wiszniewski subit le même châtiment *à cause de son séjour à Cracovie;* madame Fafius se voit enlever tout ce qu'elle possède, *parce que son fils a quitté le pays sans la permission du gouvernement,* etc., etc... Cela paraît monstrueux, invraisemblable, impossible, n'est-ce pas! pourtant nous n'inventons rien, nous ne livrons même rien aux conjectures; nous n'avons fait que copier les propres expressions des oukases spoliateurs.

« Des milliers de Polonais allèrent rejoindre leurs compatriotes en Sibérie; beaucoup furent transportés dans le Caucase et dans les parties les moins peuplées de la Russie; d'autres, en grand nombre, furent condamnés aux travaux publics dans les villes de l'empire; d'autres enfin, et ce n'étaient pas les moins à plaindre, furent incorporés dans les bataillons de discipline de l'armée impériale, ou envoyés contre les Circassiens. Une seule ordonnance du 9 (21) novembre 1831 prescrit la déportation de cinq mille familles de gentilshommes polonais par gouvernement. Et comme le gouverneur de la Podolie, à qui s'adressait cet ordre, avait demandé de nouvelles instructions pour l'exécution de la volonté impériale, le ministre de l'intérieur répond, en date de Pétersbourg, 6 (18) avril 1832, qu'il faut déporter : 1° les gens qui ayant pris part à la dernière insurrection *sont revenus témoigner leur repentir au terme fixé*, ceux qui ayant été compris dans la troisième classe des coupables *ont obtenu la haute grâce et le pardon de Sa Majesté*; 2° les personnes qui par leur manières de vivre, et d'après l'opinion des autorités locales, excitent la méfiance du gouvernement *et peuvent devenir suspectes*. Le ministre continue : « Sa Majesté, en confirmant ces règlements (relatifs à l'exécution), a daigné ajouter de sa propre main : Ces règlements doivent servir non-seulement pour le gouvernement de Podolie, mais encore pour tous les gouvernements occidentaux : Wilna, Grodno, Witebsk, Mohilew, Bialystok, Minsk, Volhynie, Khiovie; *ce qui fait en tout quarante-cinq mille familles*. Outre cela, Sa Majesté a ordonné : 1° Que, dans aucun cas, *le gouvernement ne sera responsable des dettes des transplantés*; néanmoins les personnes qui doivent être transplantées *n'en seront pas averties d'avance*, les créanciers agiront d'après les lois, *mais cela ne pourra mettre obstacle à la transplantation*; 2° il faut transplanter les gens capables de travailler ; leurs familles pourront leur être envoyées *plus tard*; 3° les ci-devant gentilshommes non propriétaires qui n'ont pas de revenus ni d'occupations fixes, *qui changent de résidence ou demeurent sans occupation*, seront transplantés sur la ligne du Caucase, parmi les Cosaques, et inscrits parmi eux; et comme désormais *ils feront partie des troupes cosaques, leur colonie ne doit être en aucune relation avec les colonies des ci-devant gentilshommes polonais*. »

« Les livres les plus innocents furent sacrifiés ou mutilés.

« La poste vint au-devant de la censure, elle supprima toutes les lettres adressées aux Polonais émigrés ou écrites par eux. »

Des faits plus odieux encore, si c'est possible.

Un insurgé, Michel Wolowicz, était tombé sur le champ de bataille, son cadavre fut traîné au gibet pour être bien et dûment pendu.

Une jeune fille de dix-huit ans, mademoiselle Kavecka, pour avoir donné des vivres aux insurgés fut condamnée à mort et fusillée.

Un Polonais enrôlé de force dans

les troupes russes déserte et vient chercher un refuge auprès de sa mère. La malheureuse femme, chez laquelle la crainte des peines infligées à ceux qui récèlent un déserteur l'emporte sur l'amour maternel, va elle-même dénoncer son fils aux autorités russes. Nicolas est instruit de ce fait, et enthousiasmé de la conduite de cette femme sans entrailles, lui décerne une médaille d'honneur et lui accorde une pension.

Un pareil trait suffirait à lui seul pour faire juger l'homme et le système. Il n'y a que l'abus du despotisme et l'adoration de soi-même qui puisse conduire à une semblable oblitération du sens moral. Une mère récompensée et honorée pour avoir de ses propres mains conduit son fils à l'échafaud (1).

« Pour diminuer l'influence et le pouvoir du clergé catholique on confisqua les biens dont il avait l'usufruit, biens qui avaient appartenu aux ordres religieux supprimés en Pologne ; on réduisit de moitié le traitement des évêques. Ce n'était là que le premier pas : la spoliation fut complétée par un oukase impérial du 25 décembre 1841, qui ordonne que « tous les biens immeu-« bles peuplés par des paysans « y attachés appartenant jusqu'a-« lors au clergé du culte étranger « des provinces occidentales, pas-« sent sous la régence du ministère « des domaines nationaux. »

(1) La Bédollière.

Parmi les faits les plus odieux de cette persécution figurent en première ligne les traitements barbares infligés par les missionnaires gréco-russes aux malheureuses sœurs de Saint-Basile. Vivement pressées d'adopter la religion grecque, ces religieuses refusèrent avec une énergie de foi qu'on ne rencontre pas toujours chez les hommes en apparence les plus courageux. Promesses, séductions, tout fut mis en œuvre pour amener les pieuses femmes à renier leurs croyances, mais elles demeurèrent inébranlables. On essaya alors des supplices ; le fouet, la prison et la privation de nourriture furent employés comme moyens de conversion. On inventa pour elles des tortures inouïes : par ordre des prêtres russes on les plongeait en plein hiver dans de l'eau glacée et on ne les retirait de ce bain homicide que lorsque les forces et le sentiment les avaient complétement abandonnées. Rien n'y fit. Les malheureuses périrent presque toutes sous les coups de leurs bourreaux.

Ces faits, à peine croyables, se passaient en 1845 ; ils eurent alors trop de retentissement dans le monde entier pour qu'il soit utile d'insister sur ces détails. Les journaux de l'époque publièrent tant en France qu'en Angleterre des révélations que leur atrocité même rendait incroyables. L'opinion publique s'en préoccupa vivement sans que jamais un seul mot des journaux russes vînt démentir aucun de ces faits. Sans doute ces actes de cruauté, qui font la honte de notre époque et qui nous font remonter en quelque sorte à plusieurs siècles en arrière, étaient bien moins l'œuvre fanatique de l'empereur lui-même que du haut clergé grec; mais si le chef de l'État ne trempa pas personnellement dans ces iniquités, il en assuma en quelque sorte la responsabilité en laissant impunies des horreurs qui avaient soulevé contre le fanatisme russe l'Europe tout entière.

Nicolas, traversant la Volhynie, arrive un jour à un petit village et s'y arrête pour changer de chevaux. Le maître de poste, malade depuis longtemps, se lève de son lit de souffrance pour faire honneur à son souverain, et veiller par lui-même à ce que les chevaux de la voiture impériale soient bien et promptement attelés. Il met lui-même la main à l'œuvre. L'empereur remarque sa pâleur, il voit que ses jambes tremblent sous lui, et se méprenant sur la cause de cette faiblesse :

« Tu es soûl, » dit-il en apostrophant brusquement le maître de poste.

— « Non, sire », répond le malheureux que la crainte rend encore plus tremblant, « je suis malade, je n'ai ni bu ni mangé de la journée, et j'ai quitté mon lit où j'étais cloué par la fièvre dans le seul but

de faire honneur à Votre Majesté. »

— « Tu mens, » reprend son terrible interlocuteur, et pour t'apprendre à te présenter devant moi en pareil état je te fais soldat pour toute ta vie. »

Puis fouette postillon ! l'empereur se remit en route.

Cependant Bekendorff, qui l'accompagnait dans sa voiture, paraissait préoccupé et triste; l'empereur lui en demanda la cause.

« C'est, lui répondit le ministre, que Votre Majesté vient de commettre une injustice : cet homme n'était pas ivre, il était malade. »

— « Dis-tu vrai? »

— « J'en suis sûr. »

Sur le champ l'empereur ordonne de tourner bride, et l'on regagne le village que l'on vient de quitter depuis un quart d'heure à peine. Un groupe nombreux stationnait encore à la porte du maître de poste. La voiture impériale s'arrête. Nicolas met la tête à la portière, et d'une voix vibrante dit à ceux qui l'entourent :

« Je fais grâce au condamné du service à perpétuité, il ne servira que dix ans. »

A cette parole du despote qui voulait paraître clément même en consacrant une injustice, la femme du maître de poste s'approche du tzar et lui dit en pleurs que son mari n'a que faire de la grâce impériale. Le malheureux, frappé de stupeur par sa condamnation imprévue, avait succombé à son émotion quelques minutes avant le départ de l'empereur.

A cette nouvelle, Nicolas, sans daigner adresser un mot de consolation à la malheureuse veuve, donne le signal du départ et s'éloigne sans tristesse comme sans remords.

Nicolas aimait l'ironie, lorsque l'occasion se présentait de l'infliger il ne le manquait pas.

Un ex-officier de son armée auquel on avait défendu de visiter les pays étrangers se rebattit sur les goûts étrangers; son nom était Yakovloff, il se mit à suivre avec affectation les modes anglaises et françaises. Un jour il parut aux perspectives de Newsky dans un costume français, mais exagéré outre mesure. Il était coiffé d'un petit chapeau pointu ressemblant assez par la forme à un pot à fleurs renversé. Il portait au cou une cravate avec un nœud démesuré et avait sur le corps un habit si étroit, qu'à peine il pouvait faire un mouvement. Son menton était orné d'une superbe barbe à la Henri IV et sa main droite portait un magnifique jonc à pomme ciselée. Un lorgnon incrusté dans le coin de son œil donnait le dernier cachet à sa toilette, et pour se rendre plus intéressant ou plus ridicule il avait cru bon de se faire suivre par un petit roquet qu'il conduisait en laisse avec un ruban rose. Pendant qu'il se pavanait dans ce brillant costume sur le boulevard des Italiens de Saint-Pétersbourg, la voiture impériale vint à passer.

Arrivé en face du dandy l'équipage s'arrêta, et l'empereur, mettant la tête à la portière, fit signe à notre homme d'approcher.

— « Au nom du ciel, monsieur, dit Nicolas avec une curiosité railleuse, qui êtes-vous et d'où venez-vous?

— « Je suis un des plus humbles sujets de Votre Majesté, répondit le jeune homme, et je m'appelle Save Savitch Yakovloff. »

— « Vraiment, répliqua l'empereur toujours avec le même sourire moqueur, je suis enchanté de faire votre connaissance, monsieur Save Savitch. Donnez-vous la peine de monter et de vous asseoir à côté de moi. »

Yakovloff se fût fort bien passé de l'invitation; mais il savait que Nicolas n'était pas habitué à voir ses politesses refusées, et quelque embarrassé qu'il fût de sa contenance, il prit place à côté de l'empereur, non sans s'être débarrassé adroitement de la canne qu'il tenait à la main. On fit quelques pas en avant; mais l'empereur s'aperçut bientôt de la disparition de la canne et demanda à Yakovloff ce qu'elle était devenue.

— « Votre Majesté est bien bonne de s'inquiéter de ma canne, » répondit celui-ci.

— « Non pas, non pas, dit l'empereur, je n'entends pas que vous vous sépariez d'un jonc aussi précieux. — Arrête, cocher ! »

Le domestique obéit, et l'empereur retourna sur ses pas. La canne fut ramassée, remise à son propriétaire, et ordre fut donné de toucher au palais.

On arriva ; l'empereur descendit de voiture, et ordonna à Yakovloff de le suivre. Celui-ci voulut se découvrir ; mais l'autocrate s'y opposa, en disant qu'il tenait à le conserver tel qu'il était, avec son chapeau, son habit, sa canne et son lorgnon.

L'empereur enfila la longue galerie du palais, ayant toujours le pauvre Yakovloff sur ses talons. Arrivé aux appartements de l'impératrice, il entra ; et montrant du doigt à sa femme le malencontreux dandy :

— « Tenez, ma chère, lui dit-il, connaissez-vous cet animal ? »

— « Non vraiment ! » répondit-elle en éclatant de rire au nez du singulier personnage qui lui était présenté d'une façon si étrange.

— « Alors, permettez-moi de vous apprendre que c'est votre sujet très-respectueux Save Savitch Yakovloff. Mais que pensez-vous de lui, ne vous fait-il pas l'effet d'un charmant garçon ! » ajouta-t-il en faisant pivoter d'un tour de main le dandy à moitié mort de honte.

Quand l'auguste couple se fut amusé pendant plus d'un gros quart d'heure aux dépens de Yakovloff, on

le renvoya ; et l'empereur daigna l'assurer que sa témérité ne serait pas autrement punie.

Du reste la conduite de l'Empereur de toutes les Russies fut inspirée par le testament de Pierre Ier dit Pierre le Grand. Il ne sera pas inutile d'en citer ici des fragments, c'est une vraie leçon de brigandage exercé en grand…

« Le grand Dieu de qui nous tenons notre existence et notre couronne, nous ayant constamment éclairé de ses lumières et soutenu de son divin appui, me permet de regarder le peuple russe comme appelé par l'avenir à la *domination générale* de l'Europe. Je fonde cette pensée sur ce que les nations européennes sont arrivées, pour la plupart, à un état de vieillesse voisin de la caducité, ou qu'elles y marchent à grands pas ; il s'en suit donc qu'elles doivent être *facilement* et *indubitablement* conquises par un peuple jeune et neuf, quand ce dernier aura atteint toute sa force et toute sa croissance. Je regarde l'invasion future des pays de l'Occident et de l'Orient par le Nord, comme un mouvement périodique arrêté dans les desseins de la Providence, qui a ainsi régénéré le peuple romain par l'invasion des barbares.

«Ces émigrations des hommes polaires sont comme le reflux du Nil, qui, à certaines époques, vient engraisser de son limon les terres amaigries de l'Égypte. J'ai trouvé la Russie *rivière*, je la laisse *fleuve*; mes successeurs en feront une *grande mer*, destinée à fertiliser l'Europe appauvrie, et ses flots déborderont malgré toutes les digues que des mains affaiblies pourront leur opposer, si nos descendants savent en diriger le cours. C'est pourquoi je je leur laisse les enseignements suivants; je les recommande à leur attention et à leur observation constante, de même que Moïse avait recommandé les tables de la loi au peuple Juif.

I.

« Entretenir la nation russe dans un état de GUERRE CONTINUELLE, pour tenir le soldat sous les armes et toujours en haleine. Ne le laisser reposer que pour améliorer les finances de l'État, refaire les troupes et choisir les moments opportuns pour l'attaque. Faire ainsi servir la paix à la guerre et la guerre à la paix, dans l'intérêt de l'agrandissement et de la prospérité croissante de la Russie.

II.

«Appeler par tous les moyens possibles, de chez les peuples instruits de l'Europe, des capitaines pendant la guerre et des savants pendant la paix, pour faire profiter la nation russienne des avantages des autres pays sans lui faire rien perdre des siens propres.

III.

« *Prendre* part en toute occasion aux affaires et démêlés quelconques de l'Europe, et surtout à ceux de l'Allemagne, qui, plus rapprochée, intéresse plus directement.

IV.

« *Diviser* la Pologne en y fomentant le trouble et les discordes civiles; gagner la haute noblesse à prix d'or, influencer les diètes, les *corrompre*, afin d'avoir action sur les élections des rois; y faire nommer ses partisans, les protéger, y faire entrer et séjourner les troupes moscovites jusqu'à l'occasion de s'y établir définitivement. Si les puissances voisines opposent quelques difficultés, les apaiser momentanément en morcelant le pays, *jusqu'à ce qu'on puisse reprendre en détail tout ce qu'on aura donné.*

V.

« *Prendre le plus qu'on pourra* de la Suède, et savoir se faire attaquer par elle *pour avoir le prétexte de la subjuguer.* A cet effet, isoler le Danemark de la Suède et la Suède du Danemark, et entretenir avec soin leurs rivalités.

VI.

« *Prendre toujours* les épouses des princes russes parmi les princesses de l'Allemagne, pour multiplier les alliances de famille; rapprocher les intérêts, et unir d'elle-même l'Allemagne à notre cause *en y propageant nos principes.*

VII.

« Rechercher de préférence l'alliance commerciale de l'Angleterre, cette puissance ayant plus que toute autre besoin de nous pour sa marine et pouvant être la plus utile au développement de la nôtre. Échanger nos bois et nos matières premières contre son or, et établir entre ses marchands, ses matelots et les nô-

tres, des rapports continuels qui formeront les flottes russiennes à la navigation et au commerce.

VIII.

« *S'étendre* sans relâche vers le Nord le long de la Baltique, *ainsi que vers le Sud le long de la mer Noire.*

Une batterie française.

IX.

« *Approcher le plus possible de Constantinople et des environs.* CELUI QUI Y RÉGNERA SERA LE VRAI SOUVERAIN DU MONDE. En conséquence, susciter des guerres continuelles, tantôt au Turc, tantôt à la Perse; établir des chan-

tiers sur la mer Noire, s'emparer peu à peu de cette mer, ainsi que de la Baltique, *ce double point étant nécessaire à la réussite du projet*; hâter la décadence de la Perse, pénétrer jusqu'au golfe Persique; rétablir si c'est possible, par la Syrie, l'ancien commerce du Levant, *et avancer jusqu'aux Indes*, qui sont l'entrepôt du monde.

Une fois là, on pourra se passer de l'or de l'Angleterre.

X.

« Rechercher et entretenir avec soin l'alliance de l'Autriche; favoriser, en apparence, ses idées de domination sur l'Allemagne, et exciter contre elle, en sous-main, la jalousie des provinces.

« Tâcher de faire réclamer de la Russie par les uns et par les autres, en exerçant sur le pays une espèce de tutelle qui prépare la domination future.

XI.

« Intéresser la maison d'Autriche à chasser le Turc de l'Europe et la frustrer de sa part de butin lors de la conquête de Constantinople, soit en lui suscitant une guerre avec les anciens États de l'Europe, soit en lui donnant une portion de la conquête *que l'on reprendra* plus tard.

XII.

« S'attacher et réunir autour de soi tous les Grecs, unis et désunis ou schismatiques, qui sont répandus soit dans la Hongrie, soit dans la Turquie, soit dans le midi de la Pologne; se faire leur centre, leur appui, et fonder d'avance une suprématie universelle par une sorte de royauté ou de domination sacerdotale : les Grecs Slaves seront autant d'amis que l'on aura chez chacun de ses ennemis.

XIII.

« La Suède démembrée, la Perse vaincue, la Pologne subjuguée, la Turquie conquise, nos armées réunies, la mer Noire et la Baltique gardées par nos vaisseaux, il faudra proposer séparément et très-discrètement, d'abord à la cour de Versailles, puis à celle de Vienne, de partager avec elles l'empire de l'Univers.

« Si l'une des deux accepte, ce qui ne peut manquer pour peu que l'on flatte leur orgueil et leur ambition, se servir d'elle pour écraser l'autre; puis écraser à son tour celle qui survivra, en engageant avec elle une lutte à mort, dont l'issue ne saurait être douteuse, la Russie possédant déjà en propre tout l'Orient et une grande partie de l'Europe.

XIV.

« Si, ce qui n'est guère probable, toutes deux refusaient *l'offre de la Russie*, il faudrait savoir leur susciter des querelles et les faire s'épuiser l'une par l'autre. Alors, profitant d'un moment décisif, la Russie ferait fondre ses troupes rassemblées d'avance sur l'Allemagne, en même temps que deux flottes considérables. •

Voici d'après un journal quelles furent les circonstances qui accompagnèrent la mort de l'Empereur de Russie.

« Le 14 février l'empereur avait pris une forte grippe; et ses médecins avaient exigé qu'il renonçât à ses travaux et à ses occupations ordinaires. L'empereur n'a pas suffisamment respecté cette ordonnance; après quelques jours de repos, il a voulu sortir malgré un froid de plus de vingt-cinq degrés, pour passer une revue, et cette imprudence a provoqué une rechute.

« Le jeudi 1er mars, on remarqua quelques moments de délire. Dans la soirée on reconnut l'impuissance des remèdes et l'imminence du danger. Alors on parla à l'empereur de l'accomplissement des devoirs religieux: la cérémonie fut remise au lendemain. L'impératrice voulut passer la nuit auprès de son mari, l'empereur s'y opposa parce qu'elle était à peine remise d'une maladie grave; mais il lui promit de la faire avertir s'il se sentait plus mal, et la pria de lui réciter à haute voix la prière du *Pater*: ce qu'elle fit. Au moment où l'impératrice prononçait ces mots: « Que ta « volonté soit au ciel comme sur la « terre, » l'empereur s'écria: « Tou-« jours, toujours, toujours! »

« Le 2 mars, à trois heures du matin, son premier médecin, le docteur Mandt, le prévint de l'imminence du danger. L'empereur demanda son confesseur, et remplit tous ses devoirs avec une parfaite lucidité d'esprit en présence de la famille impériale. Il répéta d'une voix élevée et intel-ligible les prières de la communion, et après avoir reçu le sacrement il se trouva soulagé et se montra plus serein. « A présent, dit-il, j'espère que Dieu m'ouvrira ses bras. » Et aussitôt il fit ses adieux à ses enfants et à ses petits-enfants, les bénissant tous l'un après l'autre sans oublier les absents.

« L'impératrice était revenue auprès de l'empereur, sur l'avis qu'elle avait reçu du docteur Mandt; elle ne l'a pas quitté. Comme elle pleurait, l'empereur la consola, la suppliant de prendre soin de sa santé, et de se conserver pour sa famille.

« Quelques amis fidèles et dévoués avaient été admis auprès de l'empereur: c'était le comte Orloff, le comte Adlerberg et le prince Dolgorouki; l'empereur leur a fait aussi ses adieux. Après ses amis, il a voulu voir ses valets de chambre, ses serviteurs et les vieux grenadiers du château: il a adressé à chacun d'eux des paroles de consolation et d'encouragement. Il a dit à madame Rohrbeck, première femme de chambre de l'impératrice: « Je crains de ne vous avoir pas assez remerciée des soins que vous avez eus de l'impératrice dans sa dernière maladie, soyez pour elle à l'avenir ce que vous avez été de mon vivant, et saluez mon beau Peterhoff la première fois que vous irez avec elle. »

« L'empereur a réglé lui-même

toutes les cérémonies de son enter-
rement, après avoir fait annoncer
sa mort prochaine à Moscou et à
Varsovie par le télégraphe.

Le *Moniteur* apprécie ainsi les
conséquence de la mort du czar.

« ... La mort presque subite de
l'empereur Nicolas, à une pareille
heure de la vie de son peuple, au
milieu d'une si grande crise, quand
le sol de la Russie est envahi,
quand sa place forte la plus considérable est assiégée par nos armes,
est un de ces événements devant
lesquels la raison n'a qu'à s'incli-
ner comme devant la manifestation
éclatante de l'action providentielle
sur le monde.

« Quelles seront les conséquences
de ce coup de foudre qui vient d'a-
battre la tête illustre et glorieuse en
qui ont vécu pendant trente ans la
tradition des czars, leur pensée,
leur ambition et la force expansive
de la Russie? Personne ne peut le
dire aujourd'hui. Mais ce que nous
pouvons dire, c'est que, dans un
empire fondé par Pierre 1er, où les
individus ne comptent pour rien;
où les plus grands seigneurs, d'une
noblesse que son éducation, son ur-
banité, son amour des arts n'ont pu
affranchir de la servitude, ne sont
que les instruments passifs du despotisme; où il n'y a d'impulsion,
d'initiative, d'activité, que celles
qui viennent du maître suprême;
où la religion elle-même dans la
main du czar n'est qu'un moyen

d'asservissement de la conscience;
dans un pareil empire, c'est le souverain qui remplace le néant des
institutions, l'absence des mœurs
publiques et l'effacement des ca-
ractères.

« La grandeur historique de l'empereur Nicolas est incontestable, et
nous ne craignons pas de la reconnaître; mais elle est tirée uniquement de l'esprit russe. Elle a quelque chose de slave comme son origine. Si on la mesure à notre temps,
à sa civilisation, à l'esprit européen,
au progrès qui entraîne tous les
peuples, le prestige s'affaiblit et
disparaît aussitôt.

« Il faut bien reconnaître aussi
que le czar, en précipitant impatiemment sa marche vers le but de
ses ambitions, avait compromis sa
puissance par une de ces fautes ir-
réparables peut-être pour le souverain qui l'avait commise. Son règne était devenu une menace pour
tout le monde : pour l'Europe, qu'il
troublait, pour la Russie elle-même,
que l'orgueil et la personnalité du
czar condamnaient au malheur
d'une guerre sans issue. Sa mort ne
peut être un triomphe pour personne, car c'est la Providence qui en
a marqué l'heure. Mais elle va rendre plus libres, en leur donnant plus
de sécurité, ceux que l'habitude
d'une constante déférence attachait
et retenait encore.

« L'empereur Alexandre, éclairé
par les graves enseignements de

cette dernière année du règne de son prédécesseur, comprendra qu'un grand rôle lui est réservé. En renonçant à la politique périlleuse de son père, il dépend de lui de rendre le repos à la Russie et de maintenir sa place dans le monde, en faisant de son avénement au trône la date d'une politique de réconciliation avec les intérêts généraux de la société européenne.

« Ainsi s'explique comment tant d'espérances se sont mêlées à l'émotion de cet événement si imprévu. Ce n'est pas une grande nation comme la nôtre qui se réjouit lorsque la mort frappe un adversaire, quelque puissant qu'il soit. Mais tout le monde a compris que la main de Dieu, en enlevant à la lutte le souverain qui l'avait engagée, avait fait disparaître le principal obstacle à la paix du monde.

« Quant à la France, impartiale et calme devant ce cercueil, elle ne puise pas sa confiance dans la disparition d'un ennemi; elle la puise dans le royal concours de ses alliés, dans l'héroïsme et le succès de ses armes, dans la justice de sa cause. La France n'a fait la guerre avec tant d'énergie, et elle ne la poursuit avec tant de constance que pour raffermir l'équilibre européen, menacé par une ambition que la conscience universelle avait condamnée avant que le jugement de l'histoire se fût ouvert pour elle. »

CHAPITRE XII

Affreux désastre de la *Sémillante*.

La vie de l'homme est dans la main de Dieu : qu'il retire cette main protectrice, c'est la mort. Heureux celui qui est toujours prêt à paraître devant son juge. Ces graves réflexions nous sont inspirées par le naufrage de la *Sémillante*.

Cette frégate quitta Toulon, le 14 février, emportant à son bord 301 hommes d'équipage et 393 hommes de troupes, en tout, 694 personnes.

La mer était affreuse. Le 15 février, elle fut aperçue sur les côtes de Sardaigne, dans la nuit du même jour, on entendit le canon de détresse, puis comme un grand cri qui implorait des secours... puis il se fit un immense silence... Hélas! que se passa-t-il alors? Dieu seul le sait, de tant d'hommes, pas un n'a survécu.

Voici ce que le *Moniteur de la flotte* dit de ce naufrage :

« La *Sémillante*, récemment armée, était sous tous les rapports, dans les meilleures conditions de bonne navigabilité. A son départ de Toulon, elle portait 694 matelots ou passagers (301 hommes d'équipage et 393 hommes de troupes); ce personnel n'avait évidemment rien d'exagéré à bord d'une frégate de premier rang. En effet, armée en guerre, elle aurait reçu 515 hommes d'équipage, c'est-à-dire 179 hommes seulement de moins qu'elle n'avait à la dernière traversée, et l'espace rendu libre par le débarquement de près de 60 bouches à feu lui donnait amplement de quoi loger, et au-delà, cette différence d'effectif. Ainsi, la *Vengeance* et *la Didon*, bâtiments de même rang, ont porté en Crimée, à plusieurs reprises, avec un matériel bien plus considérable, l'une 800, l'autre 850 hommes, et la *Zénobie*, qui n'est que de 2ᵉ rang en a porté 800, en y comprenant l'équipage.

« Quant au matériel, le chargement de la *Sémillante*, se bornait à 400 tonneaux, c'est un poids insignifiant, si l'on considère que le chiffre total de l'armement et du chargement d'une frégate de 60; peut aller jusqu'à 1200 tonneaux.

« Les 400 tonneaux embarqués sur la *Sémillante* auraient donc certainement pu être portés à 800, s'il se fût agi d'une autre nature d'objets de chargement que des portes, croisées, baraques, refouloirs, matériel d'artillerie. Les seuls objets lourds (quelques canons et projectiles) étaient placés dans le fond de la cale et ne pouvaient qu'ajouter à la stabilité du bâtiment.

« Le capitaine, M. Jugan, était un officier dans la force de l'âge, naviguant depuis longues années dans la Méditerranée, comptant, enfin, dix ans de grade de capitaine de frégate et noté par les amiraux baron Hugon, de La Susse, de Gueydon, Hamelin et Dubourdieu, comme un excellent manœuvrier.

« La *Sémillante*, n'a pu périr sur les roches des bouches de Bonifacio qu'à la suite de l'épouvantable tempête qui a éclaté dans la nuit du 15 février. C'est là un événement douloureux, que ni les qualités nautiques de ce bâtiment, ni ses excellentes conditions de navigabilité, ni l'expérience consommée de son capitaine, ne pouvaient réussir à conjurer.

« Tout porte à croire, en effet, que cette frégate, partie de Toulon le 14 février avec une brise d'ouest assez fraîche, a gouverné de manière à passer par le canal qui sépare la Sardaigne de la côte d'Afrique. Les navigateurs savent qu'en dépassant le parallèle des Baléares, il arrive souvent que les vents d'ouest, qui dépendaient du nord avant d'atteindre cette limite, ont une tendance marquée à hâler du sud à partir de ce point.

« Dès lors, il est probable que,

lorsque la *Sémillante* est parvenue à cette hauteur, les vents lui ont refusé et l'ont rapprochée de la côte de Sardaigne.

« Dans cette conjoncture, le commandant Jugan, en homme du métier, et pour éviter, par gros temps et forte mer, de se laisser affaler sur la terre et d'être contraint à louvoyer, aura pris le parti de donner dans les bouches de Bonifacio ; c'était, en effet, la seule manœuvre à faire.

« Qu'est-il arrivé ensuite ? La tempête était parvenue à un maximum de densité effrayant, au dire des rapports parvenus des côtes de la Corse ; peut-être le phare de l'île Razzoli était-il embrumé par l'effet du temps. Dans de semblables circonstances, la frégate, entraînée avec une vitesse impossible à maîtriser, par un vent d'ouest d'autant plus terrible qu'il était resserré entre deux côtes formant entonnoir, aura donné avec une violence incalculable sur l'écueil Lavezzi.

« Ce qui porterait à croire que ce terrible choc a eu lieu, c'est que les débris recueillis formaient comme une montagne d'objets brisés en morceaux et en quelque sorte hachés. Si le bâtiment avait sombré, tout aurait disparu, ou les épaves venues à la côte auraient, pour ainsi dire, conservé leurs formes premières.

« C'est sur l'îlot Lavezzi que des pêcheurs ont recueilli d'abord un chapeau de marin, puis des débris de sabres d'artilleurs, de fusils, d'effets d'habillements militaires etc. — Les recherches immédiatement entreprises par les soins de l'autorité maritime, de la douane, du commandement de la place de Bonifacio, des embarcations de l'aviso à vapeur de l'État l'*Averne*, ont bientôt fait retrouver d'autres épaves : des morceaux de carcasse de navire, de mâts, de vergues garnies de leurs voiles ferlées, des chapeaux de matelots, un reste de soutane, des képis, des shakos, le livre-journal de la *Sémillante*, etc.

« Cette frégate avait, en effet, nous l'avons indiqué plus haut, 393 passagers militaires, savoir : 3e batterie du 3e régiment d'artillerie, M. Bolzinger, lieutenant ; un sous-officier et 16 hommes ; détachement pour le 85e de ligne fourni par les 76e, 78e, 83e, 87e et 88e de ligne : soldats, 365 ; conducteurs de détachements : 76e, M. Maisonneuve, lieutenant, un caporal et un tambour ; 78e M. Audrot, sous-lieutenant, et un caporal ; 83e, 87e et 88e, un sergent et un caporal chacun.

« L'équipage comptait 292 hommes, outre son état-major, dont voici la composition exacte : MM. Jugan, capitaine de frégate, commandant ; Bernard (Jean-Joseph-Marie), lieutenant de vaisseau, second ; Denans (Jean-Laurent), lieutenant de vaisseau ; Lahalle (Ernest-Adolphe), enseigne de vaisseau ; Lenoble, sous-commissaire, officier d'administration ; Le Bes (Jean-Marie-Théophile), chirurgien de 2ᵉ classe, major ; Carrières (Joseph), aumônier ; Michel (Edmond-Jacques), aspirant auxiliaire de 1ʳᵉ classe.

« Il y a là indépendamment du commandant, de braves et dignes officiers. Ils ont péri au champ d'honneur du marin, après avoir épuisé toutes leurs forces à lutter contre un élément terrible ; ils ont succombé devant des circonstances de mer qui, presque à la même heure et dans des parages voisins, enlevaient à la marine de guerre britannique une de ses belles corvettes à vapeur, l'*Hecla*, dont nous avons récemment annoncé la perte sur le Mal-Bay, près de Gibraltar. »

Un navire a été envoyé par le gouvernement à la recherche des débris de ces pauvres naufragés, les restes que l'on a pu recueillir ont été ensevelis et déposés dans des cimetières, creusés exprès pour eux sur les bords de la mer, les prières de la religion ne leur ont pas manqué, et une petite croix est placée sur chaque tombe. Mais je donne la parole au capitaine de ce navire.

Bonifacio, 13 mars.

« Tout le monde est d'accord sur la furie sans exemple de l'ouragan du 15 février, qui, dans ces parages, a occasionné partout les plus grands dégâts, enlevé les toitures des maisons, arraché des arbres séculaires, et qui ne permettait aux personnes forcées de sortir de chez elles de le faire qu'en rampant.

« Cet ouragan soufflait de l'O.-S.-O. ; les bouches de Bonifacio ne présentaient plus qu'un immense brisant où l'on ne pouvait plus rien distinguer ; il n'y avait plus ni passes, ni rochers ; de nuit comme de jour, il était impossible de s'y reconnaître.

« La mer était tellement déchaînée, et l'embrun si épais et si élevé, que la *Sémillante* devait en être couverte à une grande hauteur et inondée, sans que personne à bord pût distinguer le bout du beaupré.

« Il n'y avait pas de frégate au monde capable de présenter le travers à une aussi terrible tempête, et tout bâtiment que sa position dans ces parages forçait de laisser courir pour donner dans ces passes, si dangereuses par tout temps, était voué d'avance à une perte presque certaine au moment de cette tourmente.

« J'ai interrogé beaucoup de monde en Sardaigne : commandants militaires et civils, agents consulaires, capitaines de port, gardiens de phares, etc., voici le seul renseignement que j'ai pu recueillir :

« Le chef du phare de la Testa m'a déclaré que, le 15 février, vers onze heures du matin, une frégate, dont il ne comprenait pas bien la manœuvre, ce qui lui a fait supposer qu'elle avait des avaries dans son gouvernail, venait à sec de toile, de la partie du N.-O., se dirigeant sur la plage de Reina-Maggiore, près du cap de la Testa, où il pensait qu'elle allait se briser, lorsqu'il l'a vue hisser sa trinquette et venir sur babord en donnant dans les bouches de Bonifacio, où

M. l'abbé F. Coquereau.

l'horizon était tel qu'il l'eut bientôt perdue de vue.

« Vous remarquerez sans doute que, sous le rapport de l'heure, cette déclaration se rapproche d celle qui m'a été faite par le berger de Lavezzi, et qu'à elles deux elles auraient une certaine valeur qui tendrait à fixer le moment du sinistre au 15 février vers midi.

« De la Madeleine, je me suis rendu à Lavezzi, et là, le premier moment de douleur passé, j'ai trouvé tout le monde, officiers, soldats et matelots, occupés à faire courageusement leur rude devoir. Je ne saurais trop appeler votre bienveillante attention sur tous ces braves gens.

« La sépulture avait déjà été donnée à 170 cadavres. 40 autres encore attendaient qu'on pût les recueillir. J'avais le cœur navré.

« Le spectacle que présente la partie sud de l'île Lavezzi, où se trouvent plusieurs petites criques qui ne sont point indiquées sur la carte de M. de Hell, et dans lesquelles sont dispersées les débris de la *Sémillante*, est quelque chose d'affreusement douloureux, et il faudrait une plume plus exercée que la mienne pour le peindre.

« C'est là que, suivant les vents régnants, ces malheureux cadavres apparaissent par groupes, tous dans un état affreux; l'air en est infecté.

« Je ne crois pas devoir manquer de vous signaler un fait qui, bien certainement, ne vous aura pas échappé, fait bien simple en lui-même, celui de l'accomplissement d'un devoir sacré, mais qui n'en paraît pas moins honorable pour l'infortuné capitaine Jugan et pour le corps de la marine impériale.

« Seul, sur 250 cadavres ensevelis jusqu'à ce moment, le corps du capitaine Jugan a été trouvé à peu près intact et parfaitement reconnaissable : cet état de préservation était dû au paletot d'uniforme dans lequel il a été trouvé entièrement boutonné.

« Tous les autres cadavres étaient nus en grande partie.

« La mort a donc trouvé ce brave et infortuné capitaine faisant courageusement son devoir, et luttant jusqu'au dernier moment pour les autres, sans songer un seul instant à lui-même.

« Voici l'inscription que j'ai fait mettre sur sa tombe :

« Ci-Gît G. Jugan, capitaine de frégate, Commandant *la Sémillante*, naufragée le 15 février 1855. »

Une souscription a été ouverte, pour venir aux secours des mères, des enfants et des sœurs des naufragés ; l'Empereur et l'Impératrice, ont donné 100,000 francs.

CHAPITRE XIII

Fin de l'hiver. — Combats des 22 et 24 février.

Sous Sébastopol, 19 février.

« Nous avons définitivement traversé la mauvaise saison Nous avons du beau temps, et sans les grands vents, nous pourrions nous considérer comme avancés de six semaines ou deux mois sur le climat de Paris. On pousse les travaux du côté de la tour Malakoff. La 3ᵉ et la 6ᵉ division bivouaquent du côté d'Inkermann. Les Russes, de leur côté, accumulent travaux sur travaux.

« Les Anglais se remettent de leurs misères passées ; ils ont maintenant une très-grande quantité de maisons en bois ; ils savent mieux s'organiser et se nourrir ; enfin, nous espérons les revoir au printemps ce que nous les avons connus à Varna. Les officiers sont profondément humiliés de l'état dans lequel l'armée était tombée, et ils l'avouent sans crainte et d'une manière très-digne. Ils sont très-reconnaissants des services que nous pouvons quelquefois leur rendre. Tout à l'heure encore, je me chauffais dans le trou qui constitue ma cuisine. Un Anglais entra, et fit signe au cuisinier, qui est en même temps mon coiffeur et le palefrenier de ma mule, qu'il

désirait du feu pour allumer sa pipe. Or, sa pipe était un petit réservoir auquel il avait adapté un tuyau imperceptible, et dans laquelle il avait la prétention de faire brûler du mauvais tabac, qui se montrait rebelle à toutes ses tentatives.

« Le cuisinier avait deux pipes ; il en emplit une avec son propre tabac, et la donne à l'Anglais, dont la reconnaissance se traduisit par un *bono* très-touchant. *Bono* est l'expression éminemment polie dont on se sert pour exprimer la satisfaction de nation à nation. On dit : *Bono Frances, bono English, bono Turco.* C'est le seul mot que nos soldats aient appris, et ils méritent au plus haut point cette qualification, car ils sont essentiellement bons et obligeants en toutes circonstances, même avec les Russes. J'étais, il y a quelques jours, aux tranchées au moment où nous envoyions un parlementaire.

« Aussitôt que le drapeau fut hissé et qu'on eut cessé de tirer de la place, tous les francs tireurs, embusqués dans des trous se hâtèrent de sortir pour se dégourdir. Les Russes en firent autant, et un de nos grenadiers, s'approchant avec un pain et une bouteille d'un Russe qu'un instant auparavant il aurait parfaitement pu fusiller, lui demanda, en lui montrant son pain et en lui en offrant, si on leur en donnait de pareil dans Sébastopol. Le Russe peu habitué sans doute aux prévenances, paraissait tout étonné, et aurait probablement cédé aux instances du grenadier, lorsqu'on donna le signal pour que chacun reprît son poste. Un instant après, on se fusillait de nouveau, et peut-être, le lendemain, le grenadier avait-il tué le Russe, ou le Russe le grenadier. »

« Le froid est revenu dans la nuit du 19 au 20, et a empêché le mouvement du général Bosquet. Nous avons eu un vent du nord très violent qui nous a apporté une neige froide qui tient encore maintenant sur le sol, heureusement en trop petites quantités pour que nous soyons menacés d'un dégel désagréable. Le vent du nord continue à souffler... Ce qui prouve que l'insuccès des Russes à Eupatoria a été complet, c'est qu'ils se sont retirés immédiatement sur Simphéropol sans tenter une seconde attaque.

« La dure nuit du 19 au 20 a dû être supportée difficilement par cette forte portion de l'armée russe qui s'y est trouvé exposée pendant sa retraite. Si, comme on croit en être assuré, l'abondance et la santé ne règnent pas dans l'armée ennemie, le mauvais temps a dû encore compliquer sa situation.

« Nous sommes toujours très-abondamment pourvus de tout, mais le bois devient d'une rareté désespérante. On est souvent obligé d'aller à deux lieues chercher de mauvaises souches. Depuis dix ou douze jours on distribue du charbon de terre, mais il faut aller le chercher à la plage, et pour les corps qui en sont éloignés, c'est une corvée assez pénible. »

Pour arrêter le travail de nos tranchées, les Russes, dans la nuit du 21 au 22, établirent une redoute sur le versant du mont Sapoune, qui forme le côté droit du bassin du carénage. On l'appelle la redoute Sélenghinst, du nom du régiment auquel la garde en fut confiée.

Le général en chef résolut de leur enlever cette position. Le 23 au soir, les ordres furent donnés. A deux heures du matin, deux bataillons du 2ᵉ zouaves, un bataillon d'infanterie de marine et quelques compagnies d'ouvriers se mirent en route sous les ordres du général Monet. On se dirigea dans le plus profond silence vers la position des Russes, à mille ou douze cents mètres en avant de la tour Malakoff Des deux bataillons de zouaves, l'un prenait la droite, l'autre la gauche, de l'attaque, le front de l'ennemi était réservé à l'infanterie de marine; mais, au milieu des épaisses ténèbres qui avaient couvert le plateau immédiatement après le coucher de la lune, elle s'égara dans des chemins fangeux, et ne put arriver assez tôt pour participer au combat.

Malgré leurs précautions les zouaves avaient été aperçus par les Cosaques démontés du 8e bataillon de la mer Noire, qui occupaient des postes secrets aux environs de la redoute. Le général-major Khronstchef, qui avait sous ses ordres, outre le régiment d'infanterie de Sélenghinst, celui de Wolhynie, les disposa de manière à faire simultanément face aux deux attaques.

Le général Monet marchait en avant dans une obscurité profonde. Tout à coup une vive clarté illumine les retranchements; une fusillade terrible décime les zouaves, et le général Monet est atteint d'une balle qui lui laboure l'index et lui brise le pouce de la main droite. Quelques instants plus tard, il est de nouveau blessé à la main gauche et au bras; mais il continue héroïquement à conduire les zouaves à l'assaut. Sans répondre au feu de l'ennemi, ils gravissent les épaulements; une affreuse mêlée s'engage à l'arme blanche; mais les Russes cèdent à un choc irrésistible; un bataillon d'ouvriers et de soldats du génie bouleverse la redoute et en encloue les canons.

Cependant les batteries voisines, les bâtiments embossés dans la rade, le Vladimir, la Chersonèse et le Gromonossets, font pleuvoir les projectiles sur les zouaves. Des pots à feu,

des fusées, qui éclairent le ciel d'une lumière éclatante, permettent à l'artillerie russe de diriger ses coups. La garnison est sous les armes; on entend les cloches tinter, les tambours battre dans Sébastopol. Le général Monet donne le signal de la retraite comme il avait donné celui de l'attaque, et il sortit le dernier de la redoute Sélenghinst, après avoir fait procéder à l'enlèvement des blessés.

En rejoignant la division, les zouaves virent dans l'ombre une masse noire, qu'ils prirent pour l'infanterie de marine en retard; c'était le premier bataillon du régiment de Sélenghinst, commandé par le colonel Sabaschinsky. Il fallait *faire un trou*; on le fit, mais non sans éprouver des pertes cruelles.

Ce fut en somme, comme le dit le correspondant de *la Presse*, une brillante mais douloureuse affaire.

Un armistice de quelques heures fut conclu le 27 février pour déblayer le champ de bataille. Presque tous les zouaves dont on retrouva les cadavres étaient méconnaissables. Un officier avait reçu neufs coups de baïonnette, un autre vingt-trois et deux coups de feu.

Les zouaves et les grenadiers russes de corvée pour enterrer les morts, échangèrent force poignées de main et se donnèrent de mutuels témoignages d'intérêt. Le commandant de tranchée s'entretint longtemps avec le commandant russe, et sut de lui que sur cinq officiers faits prisonniers dans la redoute, un seul, le capitaine Perne, était encore vivant. Il avait conduit le deuil de ses camarades, qui avaient été ensevelis avec tous les honneurs dûs à leur rang.

Le général Canrobert rendit compte de cette affaire au ministre de la guerre en ces termes.

Monsieur le maréchal,

J'ai l'honneur de vous adresser des détails sur le coup de main exécuté dans la nuit du 23 au 24 février, en avant de nos attaques de droite.

Les dispositions suivantes avaient été prises ; un détachement du génie et un détachement d'artillerie, deux bataillons du 2ᵉ zouaves (colonel Cler) et un bataillon du 4ᵉ régiment de marine (commandant Mermier) ayant à leur tête le général de brigade de Monet, devaient envahir l'ouvrage élevé par les Russes en avant de la droite de nos lignes. Deux bataillons des 6ᵉ et 10ᵉ de ligne (lieutenant-colonel Dubos) formaient la réserve.

L'ensemble était commandé par le général de division Mayran, et, enfin, l'opération était surveillée et dirigée par le général de division Bosquet, commandant du 2ᵉ corps.

L'ouvrage russe était précédé de plusieurs embuscades présentant, au milieu de l'obscurité de la nuit, des obstacles dont il était difficile d'apprécier la disposition et la force.

Les troupes chargées de l'attaque les abordèrent avec vigueur, les culbutèrent et, pendant que les bataillons qui marchaient à gauche et au centre franchissaient ces obstacles, les zouaves, conduits par le colonel Cler, et ayant à leur tête le général de Monet, blessé déjà quatre fois, pénétraient dans l'ouvrage sous un feu très-vif de mousqueterie et se jetaient sur l'infanterie russe, qui s'y trouvait massée. Cette infanterie céda le terrain après une lutte courte, mais violente, à laquelle prirent une brillante part le détachement du génie commandé par le capitaine Valesque, et celui de l'artillerie commandé par le lieutenant Delafosse. Les zouaves s'y sont montrés de la plus remarquable intrépidité.

L'ennemi avait fait des pertes nombreuses.

Le but que nous nous étions proposé était atteint ; nous ne pouvions songer à nous établir sur un point découvert de toutes parts par l'artillerie des Russes : mais nous leur avions montré une fois de plus notre supériorité dans l'action.

La rentrée dans nos lignes s'est opérée sans que l'ennemi frappé d'étonnement, l'inquiétât, malgré sa grande supériorité numérique.

La réserve, qui était sortie des tranchées pour protéger au besoin la retraite, ne rencontra personne.

Nos pertes ont été sensibles, bien qu'elles ne soient pas en rapport avec les proportions et les périls de ce combat de nuit où nos soldats ont été, jusqu'à leur retour dans les tranchées, en butte aux feux de l'artillerie de la place.

Nos troupes ont été admirables comme toujours, et je ne saurais leur adresser de trop grands éloges.

Veuillez agréer, etc.

CANROBERT.

Voici maintenant des détails donnés par des officiers et par des soldats.

« Tout s'est borné à une tuerie de Russes. De notre côté, nous avons fait des pertes sensibles. Des trois bataillons lancés, un s'est égaré en chemin et n'a pu retrouver à temps la bonne voie. Le second, prenant à droite, arriva silencieusement sur une embuscade où étaient couchés une centaine de Russes. On commença à piquer dessus, comme disent les zouaves, mais, par malheur, on crut être dans la batterie même, et on poussa le cri, de sorte qu'un autre bataillon qui arrivait sur la batterie trouva les défenseurs prévenus, fut accueilli par un feu terrible, et n'y pénétra qu'à coups de baïonnette... On était exposé alors aux feux de la rade et des batteries voisines, occupées par 8 bataillons de réserve. On se gara devant un pli de terrain, laissant les Russes exposés au feu de leurs propres pièces; beaucoup de ceux qui nous avaient échappé ont péri de cette façon. —

18 officiers, dont 4 zouaves, ont été tués ou blessés.

« Le surlendemain, nous avons eu la visite d'un parlementaire qui venait s'entendre pour l'ensevelissement des morts. Une corvée a été commandée des deux côtés. Des zouaves et des Russes ont fait l'opération en commun. Mais comme nos hommes n'ont pas été, pas plus que les Russes, dans les positions enlevées l'avant-veille, il y avait peu de Français à enterrer.

« Des cinq officiers de zouaves qui ont disparu, un seul reste vivant, c'est le capitaine Pierre. Le capitaine Lesage, pris vivant, a été amputé à Sébastopol et n'a pu survivre aux suites de l'opération. »

« Il fait, dit une autre lettre, depuis quelques nuits, un clair de lune magnifique, ce qui nous contrarie, parceque les Russes qui nous aperçoivent nous envoient force coups de canon. Cela tient nos hommes en éveil ; ce n'est pas un mal. Il vaut mieux les voir se dégourdir aux tranchées que pelotonnés dans leurs couvertures sous leur tente et rêvassant au pays et à la payse. Leur santé s'en trouve mieux et leur moral aussi. On ne peut se faire une idée du travail énorme qui se fait aux tranchées en un temps donné avec un nombre d'hommes déterminé, quand ces hommes ont en même temps à se garantir contre les projectiles ennemis. Il semble à chacun qu'en pressant la besogne, on est moins exposé. Je reviens sur la glorieuse affaire du 23 et 24 février. Les Russes avouent 600 morts, le général Canrobert en accuse 94 du côté des Français. On raconte que lors du court armistice qui s'en est suivi, un officier Russe a dit aux nôtres qu'une fusée française était tombée, l'autre soir, au cercle des officiers à Sébastopol, où elle avait tué deux de ces messieurs et avait blessé quelques autres. Tous les soirs, on tire un grand nombre de ces fusées. A l'œil, elles ont toute l'apparence des fusées ordinaires des feux d'artifice; mais les nôtres portent à domicile et avec frais pour ceux qui les reçoivent, 20 kilogrammes de poudre. Je ne sais pas encore quel effet elles opèrent dans la ville assiégée, toujours est-il que je voudrais bien les voir incendier certain petit bateau à vapeur qui nous ennuie fort avec ses bordées d'obus. Il est là dans le port tranquille en apparence, il se met lentement à bâbord, nous envoie une volée d'obus, tourne à tribord, vomit encore des obus, et recommence le même manège à peu près sans discontinuer. Nous en verrons bien la fin, ainsi que du *douze Apôtres* et du *Vladimir*, mais ils pourront bien ne pas se laisser prendre vivants.

« Pour que tu aies un indice visible du retour du printemps en Crimée, je t'envoie dans ma lettre, trois jolies fleurs que j'ai cueillies en traversant à notre retour, les collines ravinées qui nous séparaient de notre campement. Cela ne veut pas dire que nous soyons sur des roses.

« Il nous arrive souvent des déserteurs Russes ; il paraît qu'ils sont alléchés par notre biscuit, car c'est la première chose qu'ils demandent en entrant dans nos lignes. Tout soldat Russe sait par cœur ces trois mots : *biscuit, bono Français*. L'autre jour, nous voyons défiler, tambour en tête de l'autre côté de la Tchernaïa, et sur la crête de la colline une compagnie russe, qui venait se placer près du bois afin de nous empêcher d'aller en prendre pour faire cuire nos aliments. Le tambour s'avançait toujours, bien que sa compagnie eût fait halte. L'officier l'appelle en vain. Dans ce moment, nous voyons le tambour courir après sa caisse, qu'il venait de laisser rouler au fond du ravin. Français et Russes, étaient les témoins éloignés de cette course divertissante. Le tambour arrive enfin auprès de sa caisse, mais au lieu de la prendre, il se met à gravir de notre côté aussi vite que l'inclinaison du terrain le lui permet. Les soldats russes, comprenant qu'il déserte, lui envoient force coups de fusils qui ne portent pas, il arrive à nous, où il est bien accueilli. Cet homme raconte qu'il aurait déserté plutôt mais on lui avait dit que les Français coupaient le nez et les oreilles aux déserteurs russes et les ren--

voyaient ainsi mutilés en Russie. Il avait annoncé la désertion prochaine de plusieurs camarades aussitôt que leur service les rapprocherait de nous. Le fait s'est vérifié.

« Après l'affaire du 23, qui nous beaucoup coûté (vous connaissez le chiffre de nos pertes,) il y a eu une suspension d'armes qui a été employée à enterrer les morts. Je dois vous dire, entre parenthèse, qu'on commence à enterrer, ou du moins à transporter au-delà du voisinage du camp, tous les cadavres de chevaux, bœufs, moutons, etc., qui pourrissent sur le sol et infectent l'air. Cette corruption n'offre pas encore de graves inconvénients; mais avec la chaleur, qui ne va pas tarder à venir, elle pourrait

amener les accidents les plus sérieux.

« Les Russes élèvent, entre le fort de Constantin et celui du Nord, un fort qui sera armé de nombreuses batteries, et destiné à protéger d'une façon plus directe l'intérieur du port militaire. Vous ne pouvez, du reste, vous figurer le nombre de fortifications qu'ils construisent et la rapidité avec laquelle elles s'élèvent. Je plonge, quelquefois, avec ma lorgnette dans l'intérieur de la ville, et j'aperçois un nombre considérable de rues barricadées et défendues par des batteries très-fortes. Ils ont aussi établi devant les murailles extérieures des espèces de palissades formées de troncs d'arbres, ayant près d'un mètre de diamètre, et dont les branches inférieures dépouillées de leurs feuilles, sont repliées et entrelacées. Il faut convenir que les Russes déploient la plus grande activité dans leur défense, et que si l'attaque est sérieuse, la résistance ne l'est pas moins ; il faut aussi avouer qu'ils ont d'excellents ingénieurs : tous leurs nouveaux travaux des fortifications, et ils sont bien nombreux, témoignent d'une grande habileté.

« Quant à nous, nous poussons avec vigueur nos travaux ; ce sont les troupes françaises qui sont actuellement chargées de ceux de droite, et elles les ont déjà considérablement avancés.

« Depuis quelques jours, il est à remarquer que les Russes ont beaucoup ralenti leur feu ; on pourrait même dire qu'il a presque cessé. On ne sait encore à quoi attribuer ce changement.

« Depuis plusieurs semaines, un bateau à vapeur russe, qui est, croit-on, le *Vladimir*, sortait chaque jour de son mouillage pour tirer quelques coups de canon, et il avait fini par se porter, dans le fond du golfe de Sébastopol, dans une position qui lui permettait d'enfiler les travaux de siège qui sont poussés sur la tour de Malakoff, à l'aile droite de l'attaque. Ce matin, le *Vladimir* a été reçu par le feu d'une pièce de gros calibre que les Anglais avaient placée pendant la nuit dans une position très-favorable. Après quelques coups bien dirigés, un incendie s'est déclaré à bord du *Vladimir*, qui a dû se retirer à la hâte, en essuyant encore de grandes pertes.

CHAPITRE XIV

Affaire du 17 mars. -- Ordre du jour du général en chef. — Enlèvement des embuscades russes. — Affreuse canonnade. — Rapport de lord Raglan. — Discours du général Canrobert aux zouaves de la garde.

Une périlleuse affaire se préparait, il fallait enlever des embuscades russes qui gênaient nos préparations ; aussi le général en chef fit transmettre cet ordre du jour à une partie de l'armée afin de l'entretenir dans son énergique courage.

Les troupes du deuxième corps et de la division Brunet, chargées, sous la direction du général de division Bosquet, des nouvelles attaques de droite, ont vigoureusement ouvert la tranchée devant la tour Malakoff.

Dans la nuit du 14 au 15 mars, les troupes aux ordres du général Bisson, de tranchée, ont fait de très-bonnes preuves. Deux compagnies d'élite du 100ᵉ de ligne ont enlevé, avec beaucoup de résolution, les embuscades de l'ennemi. La compagnie de grenadiers du capitaine Champanhet a notamment montré la plus grande énergie. en défendant, contre des assaillants très-nombreux, le poste qu'elle occupait. Menacée dans sa position. au point du jour, par une masse considérable d'infanterie, elle a été soutenue par trois compagnies du régiment des tirailleurs algériens, qui, à la voix du chef de bataillon Gibon, se sont jetés sur l'ennemi avec la plus brillante audace, l'ont mis en déroute et rejeté dans la place.

Le commandant des troupes russes a été grièvement blessé; le commandant en second a été tué.

Du 15 au 16 mars, les troupes dirigées par le général de tranchée de Failly n'ont pas opéré avec moins de vigueur, en avant de la parallèle, pour l'enlèvement et la destruction des postes russes. Le 2ᵉ bataillon du 3ᵉ de zouaves, sous la direction immédiate du colonel de Brancion, du 50ᵉ de ligne, s'est jeté sur l'ennemi avec son entrain habituel, et on a vu se dérouler dans cet épisode militaire très-intéressant, des actions individuelles fort honorables pour leurs auteurs.

Cet ensemble de travaux, exécutés sous le feu de l'ennemi et mêlés de combats dans lesquels, d'après des rapports qui viennent de l'ennemi lui-même, l'assiégé a toujours éprouvé des pertes considérables, fait le plus grand honneur à l'énergie des troupes qui viennent de débuter dans la pratique difficile et laborieuse des opérations de siége.

Le corps du génie, dirigé à la droite par le colonel Frossard, s'y est fait remarquer par sa solidité accoutumée et une activité incessante à laquelle s'est constamment associé le chef d'escadron d'état-major Besson, chargé des pénibles fonctions de major de tranchée.

A l'extrême gauche de nos attaques, l'assiégé a fait, dans la nuit du 15 au 16 mars, une sortie considérable sur le point défendu par la compagnie de voltigeurs du 2ᵉ régiment de la légion étrangère, capitaine Bertrand, et par la 7ᵉ compagnie du 10ᵉ bataillon de chasseurs à pied. commandée par le sous-lieutenant Bèdes. Averties par leurs vedettes. ces deux compagnies ont attendu avec le plus grand calme l'ennemi jusqu'à quelques mètres seulement du parapet de la tranchée, l'ont fusillé presque à bout portant, puis l'ont assailli à la baïonnette, sans commettre la faute de le poursuivre au loin. Malgré la promptitude et le soin qu'il met à enlever ses morts et ses blessés, l'ennemi en a laissé 29 entre nos mains et autant en avant du parapet, sur le terrain qu'il a parcouru dans sa retraite précipitée. Il a perdu, dans cette opération, au moins le tiers de l'effectif engagé.

« Cette action courte et brillante honore les troupes qui l'ont accomplie. Elles ont montré le calme qui convient aux vétérans du siége, et je félicite avec elles le chef de bataillon L'Hériller, du 2ᵉ régiment de la légion étrangère, dont les habiles et fermes dispositions ont pleinement réussi.

« L'habitude qu'avait prise l'ennemi de notre silence a été rompue tout à coup dans la soirée d'hier, par un très-vif bombardement qui a duré une bonne partie de la nuit. Presque tous nos mortiers tiraient sur la ville, et comme la soirée était très-calme et le ciel très-noir, c'était comme une grande promenade d'étoiles filantes qui entouraient la ville de leurs cercles de feu. Le bruit terrible d'immenses mortiers, les éclairs sinistres des coups qui partaient, ou des bombes qui éclataient en l'air, nous faisaient pressentir cet horrible moment où tout cela grondera définitivement, jetant la destruction et la mort dans la ville. Les assiégés ne répondaient presque pas, contre leur habitude ; s'apercevant peut-être que ce n'était pas encore l'attaque générale, ils ménageaient leurs munitions.

« Nous avons à déporer la mort du brave et jeune colonel Vaissier, du 7ᵉ léger, et cette perte est d'autant plus douloureuse qu'elle était accidentelle et inutile. Le pauvre colonel a été tué en traversant un bout de terrain à découvert entre notre tranchée et une des embuscades, où étaient les hommes de son régiment. C'est une perte irréparable pour nous, et d'autant plus sensible qu'elle est arrivée dans de semblables circonstances. Un officier de cette vigueur, de ce courage, mourant à la tête de sa colonne, laisse toujours des regrets sincères ; accomplit, pour ainsi dire, sa mission et sa noble destinée. Mais, inutilement tué, sa mort éveille les regrets, auxquels se mêlent des larmes bien amères. Pour vous dire ce qu'il a été, ce brave, il faudrait narrer chaque heure de sa vie. Son dernier fait d'armes était à la bataille d'Inkermann, où il pénétrait, à la tête de ses soldats, au milieu des colonnes russes, les dispersait en les rejetant avec cet entrain bouillant qui rappelait le courage des Lannes et des Ney. Atteint d'une balle à la tête, sa mort a été instantanée. Il a été frappé, le 17, entre trois et quatre heures.

« Dans la nuit du même jour, nous avons délogé encore les Russes de leurs embuscades, le 3ᵉ de zouaves a repoussé avec vigueur la tentative des Russes sur nos tranchées, et, par une fusillade meurtrière, les a tenus à distance et en échec pendant plus de deux heures. C'est en vain qu'on entendait sonner leur clairon, la voix de leurs officiers les encourager et les exciter, ces colonnes ne s'ébranlaient plus, et, de guerre lasse, on les a ramenés dans la place.

« Une autre lettre s'exprime ainsi :

« Des hauteurs d'Inkermann, 17 mars.

« Nous venons de traverser deux jours au milieu d'un vacarme épouvantable. C'était à se croire à la fin du monde. Les Russes viennent de nous donner un échantillon de ce qui nous attend au jour de la grande attaque.

« Le 12, nous avions ouvert une tranchée en face de la tour Malakoff, au-dessous et à droite de la batterie Victoria. Cette opération, toujours très-dificile et très-dangereuse à si petite distance, fut bravement conduite par nos soldats sous un feu incessant. La tranchée avançait, quand, le 15, à sept heures du soir, éclata une fusillade terrible, à laquelle le canon se mêla bientôt. La nuit s'illuminait de milliers de lueurs qui offraient le plus étrange spectacle ; pendant un quart d'heure, ce feu roulant ne se ralentit pas un seul instant, puis il cessa tout à coup. Nous pensions être débarrassés des Russes, quand subitement — vingt minutes ne s'étaient pas écoulées — une ceinture de feu réapparut devant nous : depuis le bastion du Mât jusqu'aux batteries de la Tchernaïa, jusqu'à un bateau à vapeur stationnaire dans la rade, tout tirait sur nous avec une indicible furie. On a cru au camp à une attaque générale, et toute l'armée a pris les armes.

« On a envoyé, on s'est enquis, et on a su enfin la cause de ce tumulte inexprimable. Au-devant de notre tranchée, à 200 mètres peut-être, étaient établies des embuscades russes qui nous gênaient ; elles avaient tué la veille un de nos jeunes officiers du génie tout récemment promu capitaine, M. Guilhot. Le soir, on résolut de les enlever : des troupes du 10e de ligne, des 11e et 25e légers furent chargées de cette expédition.

« Au premier choc, les Russes furent culbutés et nous restâmes maîtres de la position. Aussitôt une compagnie du 10e accourut avec des gabions et commença à se retrancher sans perdre de temps. Ces hommes n'avaient pas encore pu s'établir solidement quand les Russes firent, en nombre supérieur, un retour offensif très-violent qui força les nôtres à se replier. La nuit s'acheva au milieu des coups de fusil, mais sans mouvement sérieux ni d'un côté ni de l'autre. Mais, à cinq heures du matin, la lutte recommença, et elle recommença avec le même succès que la veille. Nos soldats arrivèrent d'un bond sur les positions russes et ne les quittèrent plus. Nous les tenons encore. On s'attendait ce soir à une nouvelle attaque ; mais la nuit s'avance, et les Russes ne donnent pas signe de vie.

« Au dire d'officiers compétents, jamais on n'avait entendu pareille canonnade. La journée d'Inkermann, dans laquelle l'artillerie a joué un rôle si terrible, ne peut pas même donner une idée du déploiement de forces des Russes dans la nuit du 14. Il était impossible de dire quelques mots sans avoir la parole coupée par un ou deux coups de canon. Malgré tout ce fracas, nous avons, grâce à Dieu peu de pertes : 20 blessés dans la nuit, 18 ou 20 le matin, c'est à dire 40 ou 45 au total ; une dizaine d'hommes sont morts, dix ou quinze sont restés aux mains de l'ennemi ; on cite parmi eux un sous-lieutenant du 10ᵉ.

« Voilà l'histoire scrupuleuse de la petite affaire qui a produit tant d'émotion dans l'armée. Elle a eu du bon : elle nous a montré que nos hommes étaient parfaitement familiarisés avec le canon ; ils travaillaient avec un sang-froid merveilleux sous le feu qui les couvrait. »

Devant Sébastopol, 20 mars.

« Mylord, dans ma dépêche du 17, j'ai annoncé à Votre Seigneurie les progrès que nous avions fait dans la construction de la parallèle destinée à joindre notre droite avec la droite du corps français qui occupe les hauteurs d'Inkermann.

« Le combat des Français contre l'ennemi pour la possession des embuscades a recommencé la nuit dernière et a continué pendant plusieurs heures ; la fusillade a été très-vive, et je crains que nos alliés aient perdu beaucoup de monde aussi bien que l'ennemi, qui est resté en possession de ses embuscades. Les Français continuent néanmoins à pousser leurs travaux en avant, et approchent du mamelon sur lequel les Russes sont occupés à élever des ouvrages formidables, quoiqu'ils y soient contrariés par les batteries des Français et par les nôtres.

« Dans la nuit du 17, les parallèles anglaises n'ont pas été attaquées ; mais le feu dont j'ai parlé plus haut a été si continu et si nourri, que tout le monde s'est tenu sous les armes, prêt à marcher.

« Je vous envoie un état de nos pertes jusqu'au 18.

« On disait hier que le prince Mentschikoff, qui se rendait à Moscou, était mort en route. Je n'ai pas pu vérifier l'exactitude de ce bruit ; mais on y a cru au point de le transmettre à Constantinople.

« On dit que le prince Gortschakoff est arrivé à Baktchi-Seraï et a pris le commandement en chef de l'armée.

« On dit que les renforts partis de la Russie sont en marche, et que la 9ᵉ division est arrivée dans le voisinage d'Eupatoria.

« La position des Russes dans le voisinage de la Tchernaïa n'est pas changée.

« Le progrès du chemin de fer continue d'être satisfaisant, et nous pouvons déjà nous en servir avec un avantage considérable pour le transport des vivres et des huttes jusqu'au point élevé un peu de ce côté de la Kadiskoi. Les efforts de M. Beattie méritent tout éloge.

« J'ai l'honneur d'être, etc.

« RAGLAN. »

Sur ces entrefaites on formait un régiment de zouaves de la garde impériale. Voici comment un lieutenant de ce corps rapporte la cérémonie de la remise des aigles.

Devant Sébastopol, 18 mai 1855.

« Chers Parents,

« Je suis encore tout ému de l'imposante cérémonie qui vient d'avoir lieu : la remise de notre drapeau. Aujourd'hui, à midi, par un soleil magnifique, notre régiment était en bataille, sur un plateau dominant Sébastopol, attendant l'arrivée du général en chef. Les figures mâles et le teint hâlé de nos zouaves, les croix nombreuses et les médailles qui brillent sur un grand nombre de poitrines, les turbans bien roulés et la propreté des armes, relevaient encore ce beau régiment qui ne pouvait présenter que les débris d'une tenue épuisée par un an de campagne et de combats. Le général Canrobert, suivi d'un nombreux état-major, dans lequel on remarquait l'amiral Bruat, le général Ulrich, de la Garde impériale, des généraux anglais et turcs, etc., passa au galop devant le front de la troupe, fait former le carré dans lequel entre un peloton mixte de grenadiers, voltigeurs et chasseurs de la garde portant notre drapeau, et pendant que le canon des Russes grondait autour de nous sous les murs de Sébastopol, nous adressa à peu près l'allocution suivante, d'une voix ferme et bien accentuée, et avec tout l'entraînement que comportait la circonstance.

« Zouaves de la Garde impériale, l'Empereur m'a confié le double honneur de vous organiser et de vous remettre votre aigle, que vous défendrez et que vous honorerez... Vous êtes l'élite de nos compagnons d'armes, et vous justifierez la haute réputation de votre nom ; vos beaux antécédents sont, du reste, un sûr garant de l'avenir. Nous sommes ici pour défendre les intérêts de la France, soutenir l'indépendance de l'Europe et l'honneur de nos armes !... Vous supporterez encore, comme vous l'avez déjà fait, des fatigues et des privations, avec toute la discipline, le courage et le dévouement qui caractérisent l'homme de guerre, en un mot, l'armée française. Zouaves de la Garde, au nom de l'Empereur, je vous remets votre aigle ; vous en répondrez devant lui et devant la nation. *Vive l'Empereur !*

« Des cris d'enthousiasme partis à la fois des quatre faces du carré, répondirent aux paroles du général en chef. On se forma ensuite en colonne par peloton pour défiler, et on rentra au camp.

« Quelle vie délicieuse on mène ici !... Pour la première fois, depuis le 3 décembre 1854, j'ai passé la nuit entièrement déshabillé, entre deux draps très fins, qui n'étaient autre chose que deux turbans de tirailleurs-algériens dont m'avait fait cadeau mon sous-lieutenant, qui sort de mon régiment. Les alertes de nuit ne sont pas à craindre au quartier-général, et l'on repose

en paix sous la tente. Nous allons cependant reprendre le service des tranchées dans quelques jours, si les événements ne changent pas notre situation. On est impatient d'en finir. »

« E. P.,
lieutenant aux zouaves de la garde impériale. »

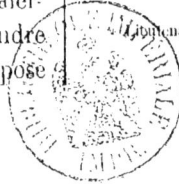

FIN DE LA DEUXIÈME SÉRIE.

Paris. — DE SOYE ET BOUCHET, Imprimeurs, 2, Place du Panthéon.

www.ingramcontent.com/pod-product-compliance
Lightning Source LLC
Chambersburg PA
CBHW071943100426
42737CB00046BA/2122